읽기 능력 향상을 위한 어휘 지도

읽기 능력 향상을 위한
어휘 지도

윌리엄 내기 지음 | 윤준채 옮김

사회평론아카데미

읽기 능력 향상을 위한
어휘 지도

2018년 1월 19일 초판 1쇄 찍음
2018년 1월 31일 초판 1쇄 펴냄

지은이 윌리엄 내기
펴낸이 윤철호
펴낸곳 (주)사회평론아카데미
편집 고하영·정세민
표지디자인 진승태
본문디자인 김진운
본문조판 토비트
마케팅 이승필·강상희
등록번호 2013-000247(2013년 8월 23일)
전화 02-2191-1128
팩스 02-326-1626
주소 121-844 서울특별시 마포구 월드컵북로12길 17
ISBN 979-11-88108-56-5 93700

추천사

이 책은 '독서와 의사소통 기능에 관한 교육자료 정보센터 클리어링하우스(ERIC Clearinghouse on Reading and Communication Skills: ERIC/RCS)'가 미국영어교사협회(National Council of Teachers of English)로부터 지원을 받는 동안 집필되었다. 교육자료 정보센터(Educational Resources Information Center: ERIC)는 미국 교육부와 교육연구개선국(Office of Educational Research and Improvement: OERI)에 의해 개발된 국가 정보센터이다. ERIC은 교육 프로그램을 개발하는 데 유용하게 사용될 수 있는 다양한 교육 프로그램, 연구·개발 보고서, 관련 정보를 제공한다. 또한 특정한 교육 영역을 담당하는 전문 센터나 클리어링하우스를 통하여 중요한 정보를 모으고, 평가하고, 요약하고, 색인화하고, 목록화하여 출판한다.

ERIC은 자료 복사 서비스를 통하여 1956년 이후 연방 정부의 지원으로 수행된 연구를 포함하여 상당히 많은 자료를 제공한다. 그렇지만 교육 연구의 결과가 교사에 의해 사용된다면 많은 자료는 본질적으로 다른 맥락에서 해석될 수 있다. 교육연구

개선국은 연구 보고서를 손쉽게 이용할 수 있는 서비스를 제공하는 데 그치지 않고, 클리어링하우스에게 다양한 분야의 정보 분석 보고서를 작성하도록 하였다.

이 책은 미국영어교사협회와 국제독서학회(International Reading Association)의 협력으로 ERIC/RCS가 개발한 가장 최근의 현장 중심 저작물이다. 클리어링하우스, 미국영어교사협회, 국제독서학회는 이 책이 중요한 교육적 쟁점을 명확히 하고 교실 수업을 개선하는 데 도움이 되기를 바란다.

칼 켄키Karl Koenke

(ERIC/RCS 부소장, 1975~1987)

어휘 지식의 중요성은 아무리 강조해도 지나치지 않는다. 어휘 지식 없이는 글을 이해할 수 없기 때문이다. 다음 문장을 읽어 보자. "사체의 가검물을 채취해 원인 조사를 진행하고 있다." 이 문장을 이해하는 데 어려움이 있다면 아마도 여러분은 '가검물'이라는 어휘의 뜻을 알지 못하기 때문일 것이다. '가검물'은 '병균의 유무를 알아보기 위하여 거두는 물질'을 뜻한다. 이제 여러분은 어휘의 뜻을 알게 되었으므로 문장을 이해하는 데 별다른 어려움이 없을 것이다.

이처럼 어휘 지식은 글을 이해하는 데 반드시 필요한 요소이다. 이러한 이유에서, 학생에게 어휘를 가르치는 일은 교사나 학부모가 해야 할 중요한 과제 중의 하나이다. 그럼에도 불구하고 학교 현장이나 가정에서 어휘 지도에 대한 관심은 그리 많지 않다. 과학적으로 검증된 어휘 지도 방법을 사용하여 학생에게 어휘를 가르치는 경우도 그리 흔치 않다.

이 책은 윌리엄 내기(William Nagy)의 *Teaching Vocabulary to Improve Reading Comprehension*(1988)을 옮긴 것이다. 이것

은 어휘 연구와 어휘 교육 분야에서 가장 널리 인용되는 고전(古典) 중의 하나로서 사전이나 문맥을 사용하여 어휘를 지도하는 전통적인 어휘 지도의 문제점, 효과적인 어휘 지도의 특성, 어휘 지도의 효율성 등의 주제를 다루고 있다. 또한 이 책은 원서에서 다루고 있지 않은 어휘 지식과 글 이해 간의 관련성, 가정에서의 어휘 지도, 어휘지도 전략으로서의 교실 독서 활동, 가르칠 어휘를 선택하는 원리 등과 같은 내용을 〈부록〉으로 실었다. 따라서 이 번역서는 어휘 지도의 중요성을 인식하고 학생의 어휘 능력을 신장시켜 궁극적으로 학생의 읽기 능력을 발달시키고자 하는 교사, 독서지도사, 학부모에게 많은 도움이 될 것이다.

책을 번역하면서 어떤 일도 혼자 힘만으로는 이룰 수 없다는 진리를 다시 한 번 깨닫게 되었다. 그래서 감사의 마음을 전할 분이 적지 않다. 먼저 번역할 때마다 원고를 꼼꼼히 읽어 준 아내에게 감사한다. 바쁘다는 핑계로 함께 시간을 보내지 못함에도 불구하고 불평 없이 열심히 생활하고 있는 딸과 아들에게도 고마움을 전한다. 아울러 이 책을 번역하는 데 여러모로 애써 주신 사회평론아카데미 고하영 선생님께 감사의 마음을 전하고 싶다.

2018년 봄 문턱에서
옮긴이 씀

차례

1

들어가며

어휘 지식은 읽기 이해(reading comprehension)의 핵심 요소이다. 글 속에 들어 있는 어휘의 뜻을 알지 못하면 글을 이해할 수 없다. 많은 연구가 어휘 지식과 읽기 이해 간에는 밀접한 관련성이 있음을 뒷받침하고 있다. 글 속에 들어 있는 어려운 어휘의 양은 글의 난이도를 결정짓는 가장 핵심적인 요소이며, 독자의 어휘 지식은 독자가 글을 얼마나 잘 이해할 수 있는가를 예언하는 가장 강력한 요소이기도 하다(Anderson & Freebody, 1981).

어휘 지식을 늘리는 것은 교육의 수단과 목적이며 기본적인 교육과정의 일부이다. 이미 많은 학생에게 적절한 어휘 지식의 부재는 심각한 문제가 되고 있으며, 교육적으로 '부진(at risk)'에 해당하는 학생의 비율이 높아짐에 따라 그 수도 증가하고 있다. 동시에 지식의 발전은 읽고 쓸 수 있는 사람이 되기 위해서 뿐만 아니라 고용 자격을 갖춘 사람이 되기 위해서 알아야 하는 어휘의 양을 이전보다 더욱 증가시키고 있다.

어휘 지도의 필요성에 대한 명료한 인식은 지나치게 단순한 반응을 불러일으키곤 한다. "학생에게 더 많은 어휘를 가르치면 글을 더욱 잘 이해할 수 있을 것이 아닌가?" 하지만 모든 어휘 지도가 글에 대한 이해를 높이는 것은 아니다. 여러 연구에 따르면, 널리 사용되는 어휘 지도 방법이 글에 대한 이해를 증가시키는 데 실패하고 있다(Mezynski, 1983; Pearson & Gallagher, 1983; Stahl & Fairbanks, 1986).

다른 방식으로 이 문제를 설명해 보겠다. 두 집단의 학생을 대상으로 한 쪽 분량의 글을 읽는 실험을 한다고 생각하자. 한 집단의 학생은 글에 들어 있는 어려운 어휘를 미리 공부하는 수업을 받았다. 다른 집단은 어떠한 어휘 수업도 받지 않았다. 그런 다음 두 집단에게 해당 글이 주어졌고, 읽기 시험이 실시되었다. 그렇다면 어휘 수업을 받은 집단이 그렇지 않은 집단보다 읽기 시험에서 더 높은 점수를 얻었을까? 자주 그러지는 않을 것이다.

만약 이것이 사실이라면 이는 우리를 혼란스럽게 한다. 어휘를 지도하는 중요한 이유는 학생으로 하여금 자신이 읽으려고 하는 글을 잘 읽도록 돕는 데 있다. 전통적인 어휘 지도가 효과적이지 않다면 교사는 그것이 왜 효과적이지 않은지, 그럴 경우에 무엇을 해야 하는지를 알아야 한다.

이 책의 목적은 가장 최신의 연구 결과를 토대로 어휘를 지도하여 가장 효과적으로 읽기 이해를 신장시키는 방법을 제시하는 데 있다. 이 책에서 사용하는 '어휘(vocabulary)'라는 용어는 기본적으로 '읽기 어휘(reading vocabulary)'를 가리키며, 여기에서 이루어지는 논의는 이미 읽기의 초기 단계를 넘어선 학생에게 좀 더 적절하다. 이러한 학생에게 있어 새로운 어휘를 학습한다는 것은 그것을 재인하는 방법을 배우는 것이 아니라 새로운 의미를 학습한다는 것을 가리킨다. 비록 이 책의 초점이 읽기 이해를 향상하는 데 있지만 어휘 지도와 읽기 이해가 언어교육의 보다 넓은 목표와 관련성을 갖도록 기술하였다.

또한 현장 교사가 직접 사용하거나 수정하여 사용할 수 있는 유용한 어휘 지도 방법을 소개하였다. 하지만 이것은 여러 잡다한 어휘 지도 방법을 소개하기 위한 것이 아니다. 어휘 지도의 효과를 극대화하기 위해서 어휘 관련 활동을 선택하거나 수정하는 이유와 방법에 대한 지식을 교사에게 제공하고자 하는 의도에서였다.

2

어휘 지도의 실패 원인

왜 많은 어휘 지도는 읽기 이해를 가시적으로 향상시키는 데 실패하는가? 이에 대한 이유는 두 가지로 설명할 수 있다. 첫째, 대부분의 어휘 지도는 학생에게 깊이 있는 어휘 지식을 학습할 수 있는 기회를 제공하지 않기 때문이다. 많은 연구에 따르면, 읽기 이해가 신장되기 위해서는 다양한 어휘 지도를 통해 습득되는 어휘 지식의 수준보다 더 높은 수준의 어휘 지식이 필요하다. 부분적인 지식을 제공하는 수준을 넘어 어휘에 대한 깊이 있는 지식을 제공하는 어휘 지도만이 해당 어휘들이 포함된 글에 대한 이해를 안정적으로 높일 수 있다. 이것은 더 풍성하고 깊이 있는 어휘 지식을 습득하도록 하기 위해서는 뜻풀이를 암기하는 방식으로 이루어지는 전통적인 어휘 지도가 더 집중적인(intensive) 어휘 지도로 전환되어야 함을 시사한다.

어휘 지도가 읽기 이해를 가시적으로 향상시키는 데 실패하는 두 번째 이유는 생소한 어휘들을 포함하고 있는 글도 일정 정도 이해될 수 있기 때문이다. 글을 이해하기 위해 글에 포함되어 있는 어휘를 모두 알아야 할 필요는 없다. 한 연구에 따르면, 6개의 어휘들 가운데 1개의 어휘를 보다 어려운 어휘로 바꾸더라도 글에 대한 이해는 감소하지 않았다(Freebody & Anderson, 1983). 따라서 글의 잉여성(redundancy)은 어휘 지도가 읽기 이해를 향상시키지 못하는 이유가 될 수 있다. 글에 낯선 어휘가 일정 정도 포함되어 있어도 읽기 이해가 실질적으로 감소되지 않는다면 이들 어휘에 대한 지도는 읽기 이해를 가시적으로 향상시키지 않을 것이다. 사실상 글에 포함되어 있는 생소한 어휘의 의미를 유추하는 것 자체가 어휘 성장의 중요한 경로이다 (Nagy 외, 1987). 이것은 어휘력을 신장시키는 데 필요한 것은 더 많은 어휘 지도가 아니라 더 많은 독서라는 것을 함의한다.

어휘 지도가 읽기 이해를 향상시키지 못하는 이유와 관련된 위의 두 가지 관점은 서로 상반되는 것처럼 보인다. 하지만 이러한 관점은 서로 배타적이지 않으며 어휘 지식과 읽기 이해 간의 복잡한 관계에 대한 보완적인 시각을 제공한다. 다음에서는 각각의 관점에 대한 자세한 설명과 함께 그것이 어휘 지도에 주는 시사점을 살펴보겠다. 그리고 두 가지 관점을 종합하여 보다 효과적인 어휘 지도 방안을 제안하려 한다.

3

부분적인 어휘 지식

많은 어휘 지도가 읽기 이해를 가시적으로 향상시키는 데 실패하는 이유는 그것이 학생에게 깊이 있는 어휘 지식을 학습할 수 있는 기회를 제공하지 않기 때문이다. 독자의 어휘 지식에는 "그 어휘를 전에 본 적이 있는 것 같다."에서부터 "그 어휘에 관하여 학위논문을 썼다."에 이르기까지 여러 수준어 존재한다. 그렇다면 교사는 학생에게 얼마나 깊이 있는 어휘 지식을 전해 주어야 하는가? 독자는 글에 대한 이해를 증진하기 위해서 어휘를 얼마나 잘 알아야 하는가?

이러한 질문은 부분적으로 어휘 지도를 통해 읽기 이해를 신장시키려 했던 연구를 살펴봄으로써 답을 얻을 수 있다. 읽기 이해를 향상시키는 데 필요한 어휘 지식의 수준이 어느 정도인

지는 읽기 이해를 신장시켰거나 그렇지 못했던 다양한 어휘 지도 방법을 살펴보면 알 수 있다.

　어휘 지도에 대한 다양한 연구를 종합해 보면 다양한 형태의 어휘 지도가 일관되게 읽기 이해를 향상시키는 데 효과적이었음을 알 수 있다. 필자는 연구를 종합하면서 맥키언과 동료들(McKeown, Beck, Omanson & Pople, 1985), 메진스키(Mezynski, 1983), 피어슨과 갤러거(Pearson & Gallagher, 1983) 그리고 스탈과 페어뱅크스(Stahl & Fairbanks, 1986)의 연구에서 많은 도움을 받았다. 어휘 지도를 특집 주제로 다루었던 1986년『독서연구(Journal of Reading)』에서도 여러 편의 가치 있는 연구를 발견할 수 있었다.

4

전통적인 어휘 지도의 문제점

많은 어휘 지도는 어휘에 대한 뜻풀이를 사용한다. 어휘의 뜻을 사전에서 찾고, 써 보고, 그리고 암기한다. 흔히 사용되는 또 다른 방법은 문맥을 통하여 새로운 어휘의 의미를 유추하는 것이다. 하지만 이러한 방법은 읽기 이해를 향상시키는 데 특별히 효과적이지 않다.

1) 정의 접근법

전통적으로 많은 어휘 지도에서 다양한 형태의 정의 접근법 (definitional approach), 즉 새로운 어휘에 대한 뜻풀이(정의) 또는 새로운 어휘와 동일한 의미를 지닌 어휘를 활용하여 새로운 어휘를 학습하는 방법이 사용되어 왔다. 물론 더 효과적이거나 덜 효과적인 정의 접근법이 있지만, 어휘 지도에서 어휘에 대한 뜻풀이를 사용하는 것이 유용하지 않다고 결론지어서는 안 된다. 그러나 어휘에 대한 정의만으로는 피상적인 수준의 어휘 지식만을 습득할 수 있다. 사전에서 어휘를 찾고, 그것의 뜻풀이를 외우는 것만으로는 읽기 이해를 실질적으로 개선시키지 못한다.

정의 접근법이 가지고 있는 첫 번째 문제는 많은 정의가 알맞은 뜻풀이를 제시하지 않는다는 것이다. 두루 사용되고 있는 학생용 사전에서 한 어휘에 대한 뜻풀이를 살펴보자.

거울(mirror): 빛을 분산시키지 않고 충분히 반사할 수 있어서 어떤 물체든 앞에 놓으면 그 모습을 보여 주는 표면.

위의 거울에 대한 뜻풀이가 정확할지는 몰라도, 해당 어휘의 의미를 알고 있지 않은 사람이 이러한 뜻풀이로부터 도움을 얻을 수 있을 것이라고 생각하기는 어렵다. 거울이라는 어휘 자체보다 거울을 설명하기 위해 사용되는 어휘가 학생에게는 더욱 생소할 것이다. 다음은 읽기 교과서에서 해당 어휘를 정의한 것이다.

수관(siphon): 대기의 압력을 이용하여 액체를 하나의 용기에서 다른 용기로 옮기는 데 쓰는 관.

이주(migration): 한 장소에서 다른 장소로 이동.

영상(image): 어떤 사람과 아주 닮은 화상(likeness, 畵像).

고래수염(baleen): 고래의 입에서 자라는 각질(horm) 같은 물
질로 물에서 음식을 여과시키기 위해 사용.

이러한 뜻풀이는 최소한 해당 어휘를 사용해야 하는 독자
에게는 정확하지 않다. 예를 들어 '화상(likeness)'이라는 어휘는
비교적 드물어서 사용 빈도가 백만 단어로 이루어진 글에서 2회
미만으로 나타난다. 반면에 화상으로 설명되는 '영상(image)'이
라는 어휘는 훨씬 자주 사용되어 백만 단어의 글에서 23회 등장
한다(Caroll, Davies & Richman, 1971). 또한 'likeness'는 의미적
으로 불규칙한 'ness'로 끝나는 몇 개 안되는 영어 어휘 중의 하
나이다. 고래수염에 대한 뜻풀이에서 '각질(horm)'이라는 어휘
는 빈도가 높은 어휘이지만 학생에게 익숙하지 않을 가능성이
높다.

읽기 교과서의 어휘 해설에 제시되어 있는 정의도 글의 내
용과 항상 부합하는 것은 아니다. 예를 들어, 어떤 교과서에는
'비극 시인(tragic poet)'이라는 어휘를 '매우 슬픈 시인'으로 풀
이하고 있다.

(폼페이를 가로질러 걸어가는 눈 먼 소년이 하는 말) "애석하구

나! 매우 슬픈 시인이 다시 병에 걸렸구나. 약 대신 연기를 사용하고 있는 것을 보니 이번에는 극심한 고열이구나. 난 매우 슬픈 시인이 아니라서 다행이야."

어휘에 대한 정의가 정확하다고 해도 그것을 올바르게 사용할 수 있을 만큼 항상 충분한 정보가 포함되어 있는 것은 아니다. 특히 이것은 학생에게 낯선 어휘에 대한 정의에서 찾아볼 수 있다. 셔플바인(Shefelbine, 1984)에서는 이러한 사실을 교사에게 알리기 위하여 다음과 같은 활동을 하였다. 즉, 학생에게 매우 낯선 어휘와 뜻풀이를 제시한 다음에 해당 어휘가 들어가는 문장을 써 보도록 하였다. 여러분도 한번 해 보자. 어휘에 대한 뜻풀이가 해당 어휘를 사용하는 방법을 가르쳐 주지는 않는다. 다음의 뜻풀이는 『웹스터 인터내셔널 사전』(3판, 1961)에 실려 있는 것이다.

부수 현상의(epiphenomenal): 부수 현상의 특성을 가진 또는 부수 현상과 관련된.

부수 현상(epiphenomenon): 다른 현상과 함께 발생하는 것처럼 보이는 현상.

etaoin shrdlu: 영문자에서 가장 자주 쓰이는 12글자를 빈도순에 맞추어서 만든 의미 없는 문구.

칼랄(khalal): 대추가 완전한 크기에 도달하여 녹색에서 적색

21

또는 황색으로 변하는 단계.

스퀸치(squinch): 정각형의 벽체와 원형의 돔을 잇기 위해 사용하는 돌 받침대.

상태를 나타내는(stative): 신체적 또는 정신적 상태를 표현하는.

혈통(stirp): 수정란을 결정하는 요인들의 합.

어휘에 대한 뜻풀이만 주어졌을 때 올바른 문장을 만들기 어려운 데에는 두 가지 이유가 있다. 첫째, 뜻풀이만으로는 해당 어휘가 실제로 어떻게 쓰이는지를 알 수 없기 때문이다. 이것은 특히 성인보다는 뜻풀이가 제공하는 정보를 이용하는 능력이 떨어지는 아동에게서 뚜렷하다(Miller & Gildea, 1987). 둘째, 뜻풀이만으로는 낯선 개념을 효과적으로 설명할 수 없기 때문이다. 이렇게 생각해 볼 수 있다. 왜 생물학 용어사전이 생물 교과서를 대체할 수 없는가? 그것은 부분적으로 생물학 용어사전의 뜻풀이에는 생물학 개념들 간의 상호 관계가 나타나 있지 않기 때문이다.

뜻풀이에 대한 지식이 해당 어휘가 포함되어 있는 글에 대한 이해를 보장하지 않는 가장 근본적인 이유는 아마 어휘에 대한 뜻풀이 지식보다는 풍부한 백과사전적 지식에 의해 읽기 이해가 결정되기 때문일 것이다. 예를 들어, 박쥐 한 마리가 날아다니고 있는 이야기가 있다고 하자. 박쥐에 대한 뜻풀이, 즉 '박쥐는 조류가 아니라 포유류'라는 정보는 해당 글을 이해하는 데 도움이 되지 않을 수 있다. 글에 대한 이해는 박쥐에 대한 백과 사전적 지식 또는 박쥐에 대한 민속학적 지식에 의해 더욱 좌우 되는데, 이러한 지식이 뜻풀이에 반드시 포함되어 있는 것은 아 니다.

어휘를 지도하는 데 뜻풀이를 사용해서는 안 된다고 주장하 는 것은 결코 아니다. 오히려 대부분의 어휘 지도에서 뜻풀이는 중요한 역할을 한다. 그러나 뜻풀이만을 사용하는 어휘 지도는 약점을 가지고 있다. 이것을 인식하고 교정해야 한다. 구체적인 방법에 대해서는 집중적인 접근법을 논의할 때 다룰 것이다.

2) 문맥 접근법

흔히 사용되는 또 다른 어휘 지도는 문맥을 사용하는 것이 다. 이것은 학습할 어휘가 포함되어 있는 한두 문장을 칠판에 쓰 고 학생에게 그것의 의미를 문맥을 토대로 추측해 보도록 하는 어휘 지도이다. 문맥을 통해 어휘의 의미를 추측하는 것은 중요 한 어휘 성장의 방법이며, 교실에서 관심을 갖고 연습할 가치가 있는 접근 방법이기도 하다. 그러나 문맥을 사용하여 어휘를 지 도하는 것은 새로운 어휘의 의미를 가르치는 데 효과적이지 않 다. 특히 다른 형태의 어휘 지도와 비교해 볼 때 그것은 새로운 어휘의 의미를 가르치는 데 비효과적이다.

많은 경우, 문맥은 학습할 어휘의 의미를 이미 알고 있을 때 해당 어휘의 의미를 파악하는 데 도움이 되는 것처럼 보인다. 반면 문맥이 어휘의 의미를 알고 있지 않은 사람에게 그 의미를 추론하는 데 필요한 적절한 정보를 제공하는 경우는 드물다. '대조'라는 문맥 단서를 활용하여 생소한 어휘의 뜻을 추론할 수 있을 것 같은 다음 문장을 생각해 보자. "메리는 매우 말랐지만 그녀의 여동생은 비만이다." 분명히 이 문장에는 대조의 의미를 나타내는 문맥 단서가 포함되어 있지만 대조가 가리키는 것은 '비만이다'라는 어휘의 뜻을 알고 있는 사람에게만 분명하다. 의미를 추론해야 하는 어휘를 다른 어휘로 바꾸어 보면 문제는 더욱 분명해진다. 예를 들어 '비만이다'라는 어휘가 있는 자리에 극단적인 의미를 지닌 어휘를 넣을 필요는 없다. 이 문맥에는 '비만이다' 대신에 '정상적이다'를 쓸 수 있다. 이 문장의 문맥에서만 보면 '말랐지만'과 대비될 수 있는 어휘로는 (메리의 모습에 대한 서술을 고려하면) '관대하다'나 (메리의 건강에 대한 서술을 고려하면) '무관심하다'를 생각해 볼 수도 있다. 또한 새로운 어휘의 의미에 대한 추측을 동의어로 제한할 이유도 없다. 그렇다면 이 문맥에는 '질투하지 않는다'와 같은 구도 들어갈 수 있다.

앞의 "메리는 매우 말랐지만 그녀의 여동생은 비만이다."는 학습할 어휘의 의미를 유추하는 데 필요한 문맥적 단서를 비교적 많이 제공하고 있다. 그러나 대부분의 경우, 문맥은 학습할 어휘의 의미를 유추하는 데 유용한 정보를 제공하는 것처럼 보이는 것일 뿐이다. 위의 예에서처럼 의미를 추론해야 하는 어휘를 다른 어휘로 바꿀 수 있는 범위는 훨씬 넓다.

3) 자연스러운 문맥과 어휘 지도를 위해 만든 문맥

학생에게 문맥을 활용하여 어휘의 의미를 파악하도록 동기를 부여하는 하나의 방법은 학생 스스로 문맥을 활용하는 어휘 학습 전략을 사용해 보도록 하는 것이다. 문맥을 활용하는 어휘 학습 방법은 반드시 어휘를 확장시키는 접근법의 일부가 되어야 한다. 그러나 교사는 이 방법을 가르치려고 할 때 딜레마에 빠지게 된다. 왜냐하면 일반적인 글에서 대부분의 문맥은 충분한 정보를 가지고 있지 않기 때문이다. 낯선 어휘를 둘러싼 문맥은 대체로 그 어휘의 의미 중 일부만을 추론할 수 있을 정도의 정보를 제공할 뿐, 결코 그것의 의미를 정확하게 파악할 수 있을 정도의 완벽한 정보를 제공하지는 않는다(Deighton, 1959; Shatz & Baldwin, 1986). 물론 충분한 정보를 제공하는 문맥을 구성할 수는 있지만(Gipe, 1979 참조), 충분한 정보를 제공하는 만큼 부자연스러울 가능성이 높다. 이로 인해 실제 글에서 문맥을 활용하여 어휘의 의미를 유추하는 방법을 연습시키는 것은 적절하지 않다. 학생이 이미 알고 있는 어휘를 토대로 낯선 어휘의 의미를 파악하도록 하는 데에는 문맥이 도움을 줄 수 있지만 일반적으로 하나의 문맥만으로는 낯선 어휘의 의미를 가르치기 쉽지 않다. 어휘 수업의 목적이 학생에게 문맥을 활용한 어휘 지도 방법을 가르치는 것이라면 교사와 학생은 모두 부분적인 어휘 지식, 어느 정도의 불확실성, 그리고 오해의 소지가 있는 문맥을 수용해야만 한다(Beck, McKeown & McCaslin, 1938). 새로운 어휘의 의미를 잘 파악하도록 하는 것이 목적이라면 매우 인위적인 문맥, 다양한 문맥, 혹은 일종의 보충적인 정보를 사용해야 한다.

4) 정의 접근법과 문맥 접근법의 통합

정의 접근법과 문맥 접근법을 통합하여 사용하는 것은 그것들을 개별적으로 사용하는 것보다 더욱 효과적이다. 일반적으로 이러한 혼합적인 어휘 지도는 읽기 이해를 향상시킨다(Stahl & Fairbanks, 1986). 사실상 교실에서 사용되는 문맥 접근법을 보면, 그것은 어휘에 대한 적절한 뜻풀이를 제공할 뿐만 아니라 학생으로 하여금 적절한 뜻풀이에 도달하도록 지원한다. 이와 마찬가지로 효과적인 정의 접근법은 어휘에 대한 뜻풀이뿐만 아니라 어휘가 사용되는 다양한 맥락도 제공한다.

때때로 예를 제시하는 것이 뜻풀이만을 제시하는 것보다 의미를 생생하게 전달할 수 있고, 매우 추상적이고 일반적인 정의를 학생 자신의 경험과 연결하도록 할 수 있다. 예를 들어, 학생용 사전은 '확장하다(expand)'를 '길이 또는 부피와 같은 하나 이상의 물리적 치수를 증가시키는 것'으로 풀이하고 있다. 이 경우, "그녀가 공기를 불어넣자 풍선이 확장되었다."와 같은 간단한 문장이 해당 어휘의 일반적인 뜻풀이를 이해하는 데 도움을 줄 수 있다. 확실히 어휘의 의미를 효과적으로 전달하는 것은 정의와 문맥의 통합이다. 뜻풀이만 주어진다면 학생은 '~의 비위를 맞추다(cater)'를 "기업 임원이 시를 방문했을 때 시장은 그들의 비위를 맞추었다."라는 문장에서 사용할 수 있다. 문맥만 주어진다면 "그녀가 공기를 불어넣자 풍선이 _____."라는 문장에는 '더 커졌다', '터졌다', '길어졌다', '팽팽해졌다', '더 투명해졌다' 등 다양한 말이 들어갈 수도 있다. 결국 정의 접근법과 문맥 접근법을 통합하는 것은 보다 효과적인 어휘 지도가 될수 있다.

5

효과적인 어휘 지도의 특성

효과적인 어휘 지도를 위해서는 적절한 정의와 함께 자연스러운 문맥에서 어휘가 사용되는 다양한 용례가 제시되어야 한다. 그렇다면 정의와 문맥 모두를 사용하여 어휘를 지도하면 읽기 이해는 향상되는가? 반드시 그런 것은 아니다. 적절한 정의와 다양한 문맥이 효과적인 어휘 지도의 최소 요건이라고 말할 수는 있지만, 모든 요건이라고 말할 수는 없다.

새로운 어휘가 포함되어 있는 글에 대한 이해를 가장 효과적으로 신장시키는 어휘 지도는 단지 정의와 문맥만을 사용하지는 않는다. 이러한 어휘 지도는 '집중적인 어휘 지도'라 부를 수 있는데, 여기에서는 이러한 방법을 단순히 나열하기보다는 효과적인 어휘 지도의 몇 가지 공통적인 특성을 찾아보고자 한다. 이러한 특성은 교사에게 구체적인 어휘 지도 방법을 만들고 평가하는 데 도움을 줄 것이며, 특정 교실 상황에 맞게 어휘 지도의 방법을 효과적으로 수정하는 데에도 도움을 줄 것이다. 또한 교사에게 구체적인 도움을 주기 위하여 이러한 특성을 가지고 있는 어휘 지도 방법을 제시하였다. 어휘 지도를 특집 주제로 다루었던 1986년 『독서연구(Journal of Reading)』와 존슨과 피어슨(Johnson & Pearson, 1984)에서도 매우 다양한 어휘 활동들을 찾아볼 수 있다.

선행 연구(Stahl, 1986; Graves & Prenn, 1986; Carr & Wixson, 1986 참조)에 대한 분석을 토대로 읽기 이해를 향상시키는 데 효과적인 어휘 지도의 3가지 특성을 찾을 수 있었다. 그것은 '통합(integration), 반복(repitition), 유의미한 사용(meaningful use)'이었으며, 아래에서 이것들 각각에 대해 논의하였다.

1) 통합

집중적인 어휘 지도의 첫 번째 특성은 지도할 어휘를 다른 지식과 통합하여 가르치는 것이다. 이러한 특성은 스키마 이론(schema theory)을 토대로 하고 있는데, 스키마 이론의 본질을 두 가지로 요약하면 다음과 같다. 첫째, 지식은 구조화되어 있다. 지식은 독립적인 사실의 나열이 아니라 관계의 집합이다. 둘째,

우리는 새로운 정보를 우리가 이미 알고 있는 지식과 관련지음으로써 이해한다.

의미 지도

교실에서 이루어지는 다양한 활동 중에서 '통합'의 특성을 잘 반영하는 활동으로는 '브레인스토밍(brainstorming)' 혹은 '의미 지도(semantic mapping)'를 들 수 있다. 존슨과 동료들(예, Johnson, Toms-Bronowski & Pittelman, 1982; Johnson & Pearson, 1984)이 이것을 왕성하게 연구하였으며, 하임리히와 피텔만(Heimlich & Pittelman, 1986)은 의미 지도를 교실에 적용한 다양한 사례를 소개하였다. 아래에서는 학생에게 '두려움(fear)'이라는 어휘를 가르치기 위하여 의미 지도를 활용한 어휘 지도의 절차를 설명하였다.

이것은 케네스 코크(Kenneth Koch)가 『희망, 거짓말 그리고 꿈: 아동에게 시 쓰기를 가르치기(Wishes, Lies, and Dreams: Teaching Children to Write Poetry)』(1980)에서 사용한 언어 생성 게임과 유사하다. 우선 교사는 공부할 책의 핵심 주제를 나타내는 어휘 또는 구 하나를 칠판에 적고, 학생에게 그것과 관련하여 생각할 수 있는 모든 어휘를 적으라고 말한다. 만약 교사가 칠판에 적은 핵심 어휘가 '두려움'이라면 학생은 공포, 유령, 괴물, 닭살, 비명 소리 등과 같은 어휘를 생각해 낼 것이다. 이때, 교사는 언제든지 학생에게 새로운 방향으로 생각할 수 있도록 권유한다. 예를 들어 '두려움'과 관련 있는 어휘만을 생성하도록 하기보다는 '두려움'과 의미가 반대되는 어휘, 즉 '용감한'이나 '무모한' 등도 찾아보라고 권유할 수 있다.

그런 다음 교사는 학생이 생성해 놓은 어휘를 칠판에 정리하고 학생에게 어휘를 서로 관련 있는 것끼리 묶고 그것에 알맞은 이름을 붙이도록 한다. 어휘가 몇 개의 범주로 분류되어 이름이 붙여지면 교사는 학생이 제안하지 않은 중요한 어휘도 제시하여 적절한 범주에 배치하도록 한다. 이러한 절차를 통해 만들어진 의미 지도는 [그림 1]과 비슷할 것이다.

의미 지도가 완성되면 교사는 새로운 어휘가 학생이 이미 알고 있는 어휘와 어떻게 관련되는지에 대하여 토론을 하거나 '두려움'에 대한 학생 자신의 경험을 발표하도록 한다. 이러한 활동으로 학생은 공부할 책의 주제와 관련된 풍부한 어휘를 생성하고 주제와 자신의 경험을 관련지을 수 있는 기회를 갖는다.

이 활동은 언어 이론 및 언어 연구의 관점에서 몇 가지 교육적 의미를 갖는다. 우선 학생에게 공부할 책의 주제와 관련 있는 배경지식을 활성화할 수 있는 기회를 제공한다. 이것은 불필요해 보일 수도 있지만, 학생은 글을 읽을 때 혹은 새로운 어휘를 학습할 때 자신이 가지고 있는 지식을 자발적으로 활용하지 않는다. 둘째, 교사에게 학생의 구체적인 배경지식을 확인하고 평가할 수 있는 기회를 제공한다. 이를 기반으로 교사는 학습해

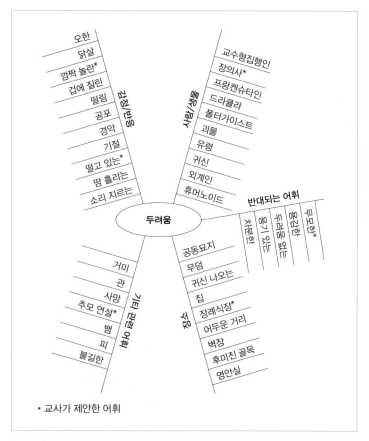

감정/반응: 오한, 닭살, 깜짝 놀란*, 겁에 질린, 떨림, 공포, 경악, 기절, 떨고 있는*, 땀 흘리는, 소리 지르는

사람/동물: 교수형집행인, 장의사*, 프랑켄슈타인, 드라큘라, 폴터가이스트, 괴물, 유령, 귀신, 외계인, 휴머노이드

반대되는 어휘: 무모한*, 용감한, 두려움 없는, 용기 있는, 차분한

기타 관련 어휘: 거미, 관, 사망, 추모 연설*, 뱀, 피, 불길한

장소: 공동묘지, 무덤, 귀신 나오는 집, 장례식장*, 어두운 거리, 벽장, 후미진 골목, 영안실

두려움

* 교사가 제안한 어휘

[그림 1] 의미 지도(Little & Suhor, 1987)

야 하는 새로운 어휘와 학생의 경험을 연결할 수 있다. 셋째, 어
휘 학습에 이어지는 읽기 활동뿐만 아니라 쓰기 활동을 위한 풍
부한 토대를 제공한다. 이것은 힐락스(Hillocks, 1986)의 '환경적
접근법(environmental approach)', 즉 활발하고 정교한 토론을
장려하면서도 학생의 상호작용에 초점을 맞추는 접근법과 부합

32

한다. 정리하면, 읽기 전 활동으로서의 브레인스토밍, 의미 지도, 이해한 것과 경험한 것을 말로 표현하는 활동은 어휘 학습에 이어지는 읽기, 말하기, 쓰기 활동을 보다 풍요롭게 한다.

그러나 이 어휘 지도는 몇 가지의 한계점을 가지고 있다. 이 방법은 어떤 점에서 서로 관련 있는 어휘를 가르치기 위하여 고안되었기 때문에 공부할 책에서 설명이 필요한 모든 어휘를 다룰 수가 없다(사실상 이것은 개념을 기반으로 하는 많은 어휘 지도 방법이 가지고 있는 공통적인 한계이기도 하다.). 가능할 때마다 의미적으로 서로 관련 있는 어휘를 묶어서 가르치는 것이 가장 좋지만 모든 책에 대해서 그렇게 하는 것은 쉽지 않다. 예를 들어 어떤 교사용 지도서는 '두려움'이라는 주제를 가진 책을 공부하는 데 필요한 어휘로 '불길하게, 떨고 있는, 방수포, 조용한, 침착한, 울타리, 미늘창이 있는, 긴 타원형, 흑단 같은, 팔뚝'을 나열하고 있다. 한 차례의 의미 지도 활동과 토론 활동으로는 이러한 모든 어휘를 다룰 수 없다. 대신에 감정과 관련된 어휘, 특히 두려움과 관련 있는 몇 개의 어휘(불길하게, 떨고 있는, 조용한, 침착한)를 선택할 수 있다. 또한 교사가 이 활동을 준비하면서 의미적으로 연관된 어휘를 더 찾아서 활동에 포함시킬 수도 있다. 사실상 위의 교사용 지도서는 '불길하게, 떨고 있는, 조용한, 침착한'과 같은 어휘와 함께 '용기, 떨다, 깜짝 놀라다, 끔찍한, 으스스한, 고요한, 떨고 있는, 흥분, 겁에 질린, 놀란, 정신이 멍한'과 같은 어휘도 제시하고 있다. 어떤 학생에게 이러한 어휘들 가운데 일부는 낯설 수 있다.

학생이 공부할 책의 주제와 관련된 어휘나 구절을 찾는 데
참여하지 못할 이유는 없다. 예를 들어 리틀(Little, 1986)은 학생
에게 오 헨리(O. Henry)의 『현자의 선물(The Gift of the Magi)』
처음 부분에서 책의 주제와 관련된 어휘나 구절을 찾도록 하였
다. 이를 통해 학생은 책의 주제를 짐작해 볼 수 있는 기회를 갖
는다.

학생에게 책의 처음 부분에서 델라(Della)와 짐(Jim)의 경제적
상황을 묘사하거나 암시하는 어휘나 구절을 찾도록 한다. 그런
다음 학생에게 이 젊은 부부의 경제적 상황을 정확하게 묘사하
는 하나의 어휘 혹은 구절을 제시하도록 한다(책에 있는 적절한
어휘나 구절로는 '1달러 87센트, 초라한 작은 소파, 노숙자 단속반,
20달러로 줄어듦, 10센트 동전을 모음' 등을 들 수 있다). 학생은
이들이 얼마나 가난했는지를 정확하게 묘사하는 어휘로 '망한,
무일푼인, 빈곤한, 파산한'을 들 수도 있다.

물론 어떤 책은 화제나 주제와 관련된 어휘를 많이 포함하
고 있지 않아서 그것을 의미적으로 관련시켜 가르치는 것이 쓸
모없게 보일 수도 있다. 그러나 반드시 책에 있는 어휘만을 대상
으로 어휘 지도를 계획할 이유는 없다. 가능하다면 주제와 관련
되면서도 일반적으로 학생에게 필요한 어휘뿐만 아니라 가까운

미래에 공부할 책에 들어 있는 어휘를 포함시키는 것이 좋다. 이러한 어휘는 책의 어휘 해설란에서 쉽게 찾을 수 있다. 예를 들어 '두려움'이라는 주제를 가진 책의 어휘 해설란은 '놀라움, 간담이 서늘한, 걱정하여, 움츠리다, 단호히, 불길한, 긴장감'과 같은 어휘를 포함하고 있다. 이와 같은 어휘는 다른 책에서도 나타날 것이며, 그것을 익히는 데 시간을 할애하는 것은 낭비가 아니다.

의미 지도는 학생들이 책의 주제와 관련 있는 내용을 예측하거나 관련 배경지식을 활성화하거나 읽기의 목적을 설정하는 것을 돕는 '사전 읽기 활동(prereading activity)'과 어휘 지도 활동 간의 경계를 모호하게 만드는 것처럼 보인다. 하지만 이런 모호성은 오히려 의미 지도의 명백한 장점이다. 의미 지도는 여러 의미 기반 접근법과 개인적 경험에 관한 토론, 역할 놀이, 사례 연구, 설문 활동과 같은 사전 읽기 활동을 연계한다(Smagorinsky, McCann & Kern, 1987).

의미 자질 분석

효과적인 어휘 지도는 새로운 정보와 친숙한 정보를 통합해야 하는데, 의미 지도나 이와 유사한 방법은 새로운 정보와 친숙한 정보를 통합하도록 이끈다. 또한 효과적인 어휘 지도는 공부할 어휘 간에 어떤 관련성을 형성하도록 이끌어야 한다. 의미 지도와 같은 어휘 지도 방법은 의미적으로 서로 관련이 있거나 책의 주제나 화제와 관련된 어휘를 묶어서 가르치는데, 이러한 방법은 학생에게 공부할 어휘 간의 관련성을 인식하도록 돕는다. 이와 관련하여 몇 가지의 어휘 지도 방법은 공부할 어휘 간의 관련성을 강조하는 정도에 있어서 의미 지도를 능가한다. '의미 자질 분석(Semantic Feature Analysis)'은 어휘의 의미들 간의 관계를 가장 명확하게 다루는 어휘 지도 방법 중의 하나이다. 이 방법에 대한 자세한 설명은 존슨과 피어슨(Johnson & Pearson, 1984)을, 최근 논의에 관해서는 앤더스와 보스(Anders & Bos, 1986)를 참고하라.

아마도 의미 자질 분석은 의미론적으로 긴밀한 관련성을 갖는 어휘를 가르치는 데 가장 효과적일 것이다. 예를 들어 '집, 저택, 판잣집, 외양간, 헛간, 텐트, 방갈로'와 같은 어휘들이다. 학생은 이미 몇몇 어휘들을 알고 있을 것이므로 최소한 몇 개의 의미 자질에 대해서는 즉시 이해할 수 있을 것이다. [그림 2]에 나타나 있듯이, 공부할 어휘는 세로 열에 배치하고 어휘에 대한 의미 자질은 가로 행에 배치한다. 그런 다음에, 어휘와 의미 자질이 교차하는 칸에 그것의 관련성을 고려하여 기호로 표시한다. 예를 들어 '저택'은 사람을 위한 것이며 영구적인 구조물이므로 해당 칸에 플러스(+) 기호를 표시한다. 반대로 그것은 동물을 위한 것이 아니고 이동식 구조물이 아니므로 해당 칸에 마이너스(-) 기호를 표시한다. 만약 어휘와 의미 자질의 관계가 명확하지 않을 때에는 물음표(?)나 동그라미(○)를 사용하는 것도 가능하다. 물론 표에서 사용되는 기호나 의미 자질은 학급 토의로 결정한다.

	사람을 위하여	동물을 위하여	저장을 위하여	크다/ 화려하다	작다	대충 만든	영구적	이동식
집	+	−	−	○	○	○	+	−
판잣집	+	−	−	−	+	+	?	−
헛간	−	−	+	−	+	+	?	−
외양간	−	+	○	−	−	○	+	−
텐트	+	−	−	−	○	○	−	+
저택	+	−	−	+	−	−	+	−

[그림 2] 의미 자질 분석표

이 활동은 언제든지 확장이 가능하다. 예를 들어 '차고, 격납고, 목사관, 이글루, 엮은 나뭇가지 위에 진흙을 덮은 집'과 같이 기존 어휘와 관련이 있는 어휘를 추가할 수 있다. 또는 '호텔, 고층 건물, 대형마트'와 같이 기존 어휘와 관련이 적은 어휘들도 추가할 수 있다. 하지만 만약 어휘를 추가한다면 어휘의 의미를 구분하는 데 필요한 의미 자질도 새롭게 추가해야 한다.

벤 다이어그램

'벤 다이어그램(Venn diagram)'은 교실에서 의미 자질 분석을 적용할 수 있는 또 다른 방법이다. [그림 3]은 우화(fable)와 동화(fairy tale)의 개념적 특성을 벤 다이어그램으로 보여 주고 있다. 우화와 동화의 공통적 특성은 두 원이 교차되는 부분에 기록하고 어느 하나에만 해당되는 특성은 좌측 또는 우측 원에 기록한다. 벤 다이어그램은 사전 독서 활동 혹은 통합적인 사후 독서 활동으로 사용될 수 있다. 프로에트와 길(Proett & Gill, 1986)은 벤 다이어그램을 소설의 인물 분석에 적용하는 것과 같이 보다 폭넓은 활용을 제안하기도 하였다.

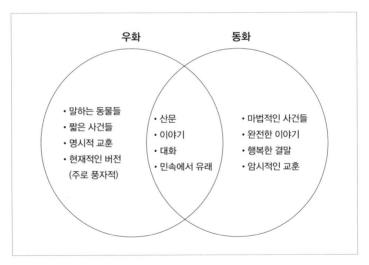

[그림 3] 벤 다이어그램(Little & Suhor, 1987)

위계적 배열

어떤 의미는 서로 위계적 혹은 분류적 관계로 되어 있다. 대
표적인 사례로는 생물학에서 흔히 볼 수 있는 기관의 이름들인
데, 이러한 구조는 다른 형식의 의미에도 적합할 수 있다. [그림
4]는 [그림 2]에 있는 의미 자질이 위계적으로 배열될 수 있음을
보여준다.

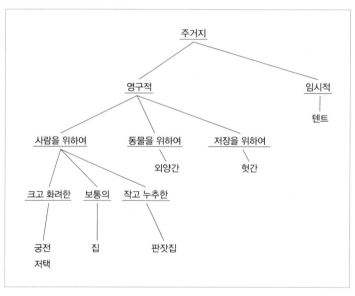

[그림 4] [그림 2]에서 사용된 의미 자질에 대한 위계적 배열

교실에서 활용할 수 있는 재미있는 위계적 배열(hierarchical
array)로는 커크비와 쿠켄달(Kirkby & Kuykendall, 1985)의 '수형

도(Thinking Trees)'를 들 수 있다. 이 활동은 '발명'이라는 주제로 진행되는 통합적 국어 수업의 맥락 안에서 학생이 학습 주제와 관련된 어휘를 찾을 뿐만 아니라, 그것의 의미를 서로에게 설명할 수 있는 기회를 제공한다([그림 5] 참조). 이 활동에서 이루어지는 학생의 경험 공유는 후속 읽기와 쓰기를 수월하게 한다.

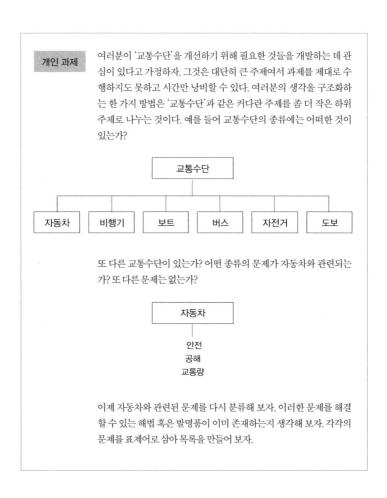

개인 과제

여러분이 '교통수단'을 개선하기 위해 필요한 것들을 개발하는 데 관심이 있다고 가정하자. 그것은 대단히 큰 주제여서 과제를 제대로 수행하지도 못하고 시간만 낭비할 수 있다. 여러분의 생각을 구조화하는 한 가지 방법은 '교통수단'과 같은 커다란 주제를 좀 더 작은 하위 주제로 나누는 것이다. 예를 들어 교통수단의 종류에는 어떠한 것이 있는가?

교통수단

자동차　비행기　보트　버스　자전거　도보

또 다른 교통수단이 있는가? 어떤 종류의 문제가 자동차와 관련되는가? 또 다른 문제는 없는가?

자동차

안전
공해
교통량

이제 자동차와 관련된 문제를 다시 분류해 보자. 이러한 문제를 해결할 수 있는 해법 혹은 발명품이 이미 존재하는지 생각해 보자. 각각의 문제를 표제어로 삼아 목록을 만들어 보자.

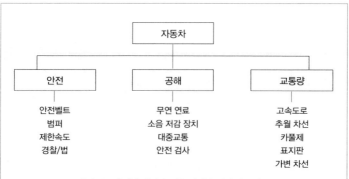

개별 목록에 더 추가될 수 있는 사항을 생각해 보자.

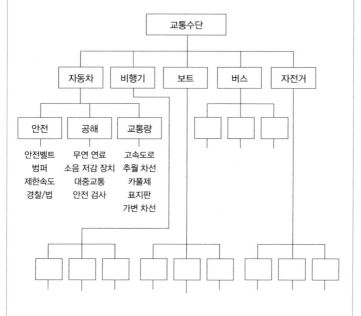

'안전, 공해, 교통량'과 관련된 문제를 해결하는 데 도움이 되는, 아직까지 발명되지 않은 것들을 생각해 보자. 그리고 그것의 목록을 만들어 보자.

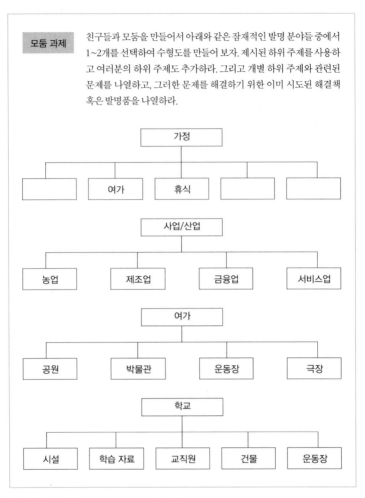

모둠 과제 친구들과 모둠을 만들어서 아래와 같은 잠재적인 발명 분야들 중에서 1~2개를 선택하여 수형도를 만들어 보자. 제시된 하위 주제를 사용하고 여러분의 하위 주제도 추가하라. 그리고 개별 하위 주제와 관련된 문제를 나열하고, 그러한 문제를 해결하기 위한 이미 시도된 해결책 혹은 발명품을 나열하라.

[그림 5] 수형도(Kirkby & Kuykendall, 1985)

※ 학생은 넓은 주제인 '교통수단'으로 시작하여 더 작은 주제인 개별 교통수단 및 관련된 문제로 진행한다. 그런 다음 협력해서 또 다른 수형도를 만들어 본다(위 활동은 지면을 고려하여 줄인 것임).

42

선형적 배열

어휘 간의 관계를 나타낼 때 선형적 배열이 더 적절할 때가 있다. 예를 들어 '짜증나는, 화나는, 격노한' 혹은 '미지근한, 따뜻한, 뜨거운, 델 정도로 뜨거운'과 같은 어휘는 정도에 있어 의미의 차이가 있다. 이러한 어휘의 관계는 간단히 하나의 선으로 배열하여 시각적으로 드러낼 수 있다. 다음의 예와 같이 학생에게 처음 2개의 어휘를 제시한다. 그런 다음 나머지 어휘를 말하도록 한다. 이때 어휘의 순서는 강도, 크기, 시간, 위치 등을 토대로 정할 수 있다(New Orleans Public School, 1972).

상당한 크기(sizable), 큰(large), … [거대한(huge), 엄청난(tremendous), 어마어마한(immense)]

속삭이는(whispering), 말하는(talking), … [소리치는(shouting), 고함치는(yelling), 소리지르는(hollering), 비명을 지르는(screaming)]

무시하다(ignore), 허용하다(allow), 요청하다(request), … [요구하다(demand), 주장하다(insist), 명령하다(order)]

어떤 방식으로 어휘 간의 관계를 나타내든 간에 관련 있는 어휘를 비교·대조하는 것은 어휘의 뜻에 대한 감각을 발달시키는 데 중요하다(Blachowitz, 1986). 또한 적용 가능한 어휘라면

(바로 앞에서 논의한 어휘처럼) 어휘의 의미 간의 관계를 시각적으로 나타내는 것도 도움이 된다. 아울러 교사는 학급 토론을 통하여 덜 구조화된 방식으로 학생에게 어휘 간의 관계를 탐구하도록 도와줄 수 있다. 간단한 질문으로 학생에게 어휘 간의 관련성을 찾도록 독려할 수도 있다. 이런 질문은 벡과 동료들이 개발한 질 높은 어휘 지도의 일부분이기도 하다(Beck, McCaslin & McKeown, 1980; Back, Perfetti & McKeown, 1982; Beck, McKeown & Omanson, 1987). 이 어휘 지도 프로그램에서 일주일 동안 배우는 어휘는 모두 보편적이고 넓은 주제와 관련된다. 박애주의자(philanthropist), 초보자(novice), 거장(virtuoso), 공범(accomplice)을 포함한 일군의 어휘 간의 관련성에 대하여 다음과 같은 질문이 제시되었다. "거장은 초보자가 될 수 있는가? 공범은 박애주의자가 될 가능성이 있는가? 거장은 박애주의자가 될 수 있는가?"

개념에 대한 강조

앞서 설명한 어휘 지도 방법은 공부할 어휘와 그것과 관련 있는 개념 혹은 지식을 통합한다. 그러나 어휘 지도에서 중요한 것은 어휘 지도가 학생에게 (최소한 학생이 초급 읽기 수준을 넘어섰다면) 새로운 개념을 학습할 수 있는 기회를 제공해야 한다는 것이다.

초급 읽기 단계의 학생을 위한 어휘 지도의 목적은 그들이 이미 알고 있고 말할 때 사용하고 있는 어휘를 인쇄물 속에서 재인할 수 있도록 돕는 데 있다. 이 단계에 있는 아동의 대부분은 해당 어휘의 뜻을 알고 있기 때문에 그것에 대한 자세한 지도는 불필요하다. 그러나 아동이 3∼4학년쯤 되면 그는 이전에 구어나 문어에서 만난 적이 없는 어휘를 점점 더 많이 만나기 시작한다.

이때쯤부터 교사도 학생이 알지 못하는 새로운 어휘를 다루기 시작하지만, 어휘에 대한 개념적 지식보다는 어휘의 단순한 뜻풀이에 초점을 두곤 한다. 또한 종종 교사는 쉬운 어휘로 표현할 수 있는 것을 어려운 어휘로 표현하는 것을 단지 화려하게 보이기 위한 것으로 치부하곤 한다. '준 동의어(near synonym)'가 이와 같은 편리한 뜻풀이로 사용되는데, 언쟁(altercation)은 싸움(fight) 또는 말다툼(argument)으로, 비만인(obese)은 뚱뚱한(fat)으로, 고대의(ancient)는 오래된(old)으로, 그리고 고요한(serene)은 차분한(calm)으로 풀이한다. 어휘 연구자조차도 새로운 어휘의 의미가 동의어나 짧은 뜻풀이로 적절하게 표현될 수 있다고 잘못 생각하기도 한다.

동의어와 짧은 뜻풀이는 어떤 어휘에는 충분히 효과적이지만 그것에 지나치게 의존하는 것은 어휘 학습에 대한 위험한 단순화이거나 과도한 오해이다. 물론 풍부한 어휘력이 주는 이점 중의 하나는 단순한 어휘 대신에 화려한 어휘를 사용함으로써 사람들에게 깊은 인상을 줄 수 있다는 것이다. 그러나 교사는 학생이 새로운 개념을 생각하고 표현할 수 있게 하는 방식으로 새로운 어휘를 가르치는 데 많은 관심을 가져야 한다. 그러므로 어휘 지도의 일차적인 목표는 (최소한 초급 읽기 단계 이후에는) 학생에게 단순한 뜻풀이를 가르치는 것이 아니라 새로운 개념적 지식을 가르치는 것이 되어야 한다.

단순한 뜻풀이나 동의어가 아니라 개념적 지식에 초점을 맞추어 어휘 지도를 구조화하는 한 가지 방법은 어휘 자체를 언급하지 않고 어휘의 의미에 대한 강의나 토론으로 시작하는 것이다. 예를 들면, 교사는 아래와 같이 어휘에 대한 토론으로 어휘 지도를 시작할 수 있다. "어떤 일이 잘못될 것 같거나 나쁜 일이 일어날 것 같은 느낌을 가져본 적이 있나요? 그렇게 생각할 타당한 이유가 있는 것이 아니라 단지 그런 느낌, 그런 느낌을 가져본 적이 있는 학생 있나요? 나쁜 일이 실제로 일어났어요?" 교사는 공부할 어휘를 소개하기 전에 1분 이상 토론을 계속 진행할 수도 있다. "네, 좋아요. 그런 종류의 느낌을 '예감(premonition)'이라고 하지요."

어휘를 소개하기 전에 개념에 대해 토론하는 것이 항상 새로운 어휘를 가르치는 최선의 방법은 아니다. 아마도 어휘의 의미에 대해 토론하기 전에 어휘를 먼저 언급해야 할 정당한 이유가 있을 수 있다. 하지만 교사와 학생으로 하여금 공부할 어휘를 단순한 뜻풀이나 동의어가 아닌 새로운 개념으로 취급하도록 하는 것은 타당한 접근법이다. 개념을 먼저 가르침으로써 어휘 학습을 보다 흥미롭게 만들 수 있다. 학생은 나중에 사용될 것이라는 희망으로 새로운 어휘를 기억하기보다는 배우고 있는 개념을 지칭하는 어휘를 기억하는 데 더 높은 흥미를 보일 것이다.

리틀(1986)이 개발한 토론 기반 활동은 도시 생활과 농촌 생활을 다루고 있는 문학작품과 토론을 기반으로 어휘를 가르치는 접근법이다.

학급을 두 모둠으로 나누고 각 모둠마다 기록 담당자를 배정한다. 두 모둠에 어휘와 관련하여 브레인스토밍을 하게 한다. 한 모둠은 도시(city)와 관련 있는 어휘와 어구를 가능한 한 많이 떠올리도록 브레인스토밍을 한다. 다른 모둠은 소도시(small town)와 관련된 어휘와 어구를 가능한 한 많이 떠올리도록 브레인스토밍을 한다. 각 모둠의 기록 담당자는 브레인스토밍을 하여 생산된 어휘와 어구를 기록한다.

각 모둠에 정리할 시간을 준 다음에 기록 담당자에게 모둠의 목록을 읽도록 한다. 학생에게는 목록에 있는 어휘나 어구에 대하여 질문하도록 격려하고, 그것들의 적절성에 대하여 추가적인 의견을 내도록 한다. 그런 다음 '고정 관념(stereotype)'의 개념에 대해 소개하고, 사람이나 장소 또는 기관에 대하여 지나치게 단순하고 일반화된 관점과 태도에 대해 설명한다. 학생에게는 그들의 목록에 도시와 소도시, 그리고 그

곳에 사는 사람들에 대해 고정 관념을 드러내는 항목이 있는지 물어본다. 종종 사람과 장소는 그것들에 대한 고정 관념과 잘 들어맞지 않는다는 것을 언급하면서 고정 관념에 대해 논의할 시간을 갖는다.

새로운 어휘를 단순한 뜻풀이나 동의어로 다루지 않고 개념으로 다루는 또 다른 방법은 어휘와 관련 있는 사례뿐만 아니라 관련 없는 사례를 제시한 다음, 어휘가 각각의 사례에 적합한지 혹은 적합하지 않은지에 대하여 토론을 하는 것이다. '예감'을 예로 들면, 교사는 학생에게 어떤 사람이 아침에 일어나서 오후에 치과 치료를 받아야 한다는 사실을 떠올렸다고 가정해 보도록 한다. 그런 다음 학생에게 그 사람이 어떤 느낌을 가질지, 그 느낌을 예감이라고 할 수 있는지 여부와 그렇게 생각하는 까닭을 물어본다. 잘 선택된 관련 있는 사례와 관련 없는 사례는 해당 어휘의 의미를 정확하게 이해하는 데 중요하다. 또한 학생에게 관련 있는 사례와 관련 없는 사례를 만들도록 할 수 있는데, 이것은 공부할 어휘를 익숙한 개념과 경험에 연결시킬 뿐만 아니라 정확하지 않은 어휘의 의미를 바로잡을 수 있는 기회를 제공한다(자세한 논의는 Klausmeier, Ghatala & Frayer 1974; Markle, 1975 참조).

2) 반복

앞서 효과적인 어휘 지도의 첫 번째 특성으로 공부할 어휘를 익숙한 개념(지식)이나 경험에 연결하는 '통합'을 설명했다. 효과적인 어휘 지도의 두 번째 특성은 '반복'인데, 이것은 '언어 효율성 가설(verbal efficiency hypothesis)'(Perfetti & Lesgold, 1979) 또는 '병목 가설(bottleneck hypothesis)'과 관련된다. 이 가설에 따르면, 독자의 의식적인 주의를 요하는 과제에 독자가 사용할 수 있는 주의 용량(attention capacity)은 제한되어 있다. 독자가 글에 있는 모든 단어를 잘 해독하고(decode) 이해할 수 있다면 그것을 확인하는 과정이 자동화되기 때문에 자신의 주의 용량을 글을 이해하는 데 집중할 수 있다.

글에 대한 이해는 해독이나 단어 재인(word recognition)과 같은 낮은 수준의 과정에 많은 의식적인 주의를 할당하지 않고 원활하게 처리하는 데 달려 있다. 독자가 이러한 과정을 자동적으로 처리하지 못한다면 글에 대한 이해는 감소한다. 극단적인 예로, 어떤 독자가 '하마(hippopotamus)'라는 단어를 읽기 어려워하고, 그로 인하여 그것을 정확하게 읽는 데 일정 정도의 시간이 소요된다고 생각하자. 이 경우에, 그가 그것을 정확하게 읽을 수 있을 때쯤에는 문장의 나머지 부분은 기억에서 사라졌을 것이다. 반면에 그가 그것을 자동적으로 읽는다면 문장의 의미를 파악하는 데 더 많은 주의를 기울일 수 있을 것이다.

언어 효율성 가설에 따르면 어휘의 의미에 대한 제한적인 지식은 낮은 해독 능력만큼이나 읽기 이해에 부정적인 영향을 줄 수 있다. 어휘의 의미를 알고 있다고 해서 글을 읽을 때 그 어휘의 의미를 즉각적으로 떠올릴 수 있을 것이라는 보장은 없다. 그러므로 어휘 지도는 독자로 하여금 어휘의 의미를 알도록 해야 할 뿐만 아니라 글을 읽을 때 어휘의 의미를 빠르고 쉽게 떠올릴 수 있도록 충분히 연습하도록 해야 한다.

적어도 어떤 어휘의 경우 반복이 필요하고, 그럴만한 가치도 있다. 선행 연구에 따르면 어휘 지도가 독자의 읽기 능력에 실질적인 영향을 주기 위해서는 독자에게 공부할 어휘를 여러 차례 만날 수 있는 기회를 제공해야 한다(Stahl & Fairbanks, 1986, McKeown, Beck, Omanson & Pople, 1985). 그렇다면 교사는 어떻게 학생에게 공부할 어휘들을 지루하지 않으면서도 여러 번 만나게 할 수 있는가? 그 답은 효과적인 어휘 지도의 세 번째 특성에 있다. 이 특성은 '의미 있는 사용'이다.

3) 의미 있는 사용

효과적인 어휘 지도는 학생에게 공부한 어휘를 의미 있게 사용할 수 있는 기회를 제공해야 한다. 그 이유는 다음과 같다. 첫째, 이것은 학생이 활동에 적극적으로 참여할 때 더 많은 것을 학습한다는 단순한 사실과 부합한다. 둘째, 어휘를 의미 있게 사용하는 것은 '처리 깊이(depth of processing)'와 관련된다. 간단히 말해서, 어떤 정보가 더 깊게 처리되면 그것을 기억할 가능성이 높아진다. 따라서 학생에게 어휘의 의미에 대해 생각해 보도록 하고, 그 어휘를 의미 있게 처리하도록 요구하는 어휘 지도는 그렇지 않은 어휘 지도보다 더욱 효과적이다. 셋째, 어휘를 의미 있게 사용하도록 요구하는 까닭은 연습하면 연습한 것을 얻을 수 있기 때문이다. 어휘가 의미하는 바를 말할 수 있다는 것과 그 어휘를 사용할 수 있다는 것 간에는 커다란 차이가 존재한다. 어휘의 뜻을 아는 것이 곧바로 어휘를 적절하게 사용할 수 있다는 것을 의미하지는 않는다. 이와는 반대로, 우리는 많은 어휘들에 대한 정의를 내리지는 못하지만 상당히 잘 사용하고 이해한다(교육받은 사람들 중에서 'if'를 잘 정의할 수 있는 사람이 몇 명이나 될까?).

만약 어휘 지도의 목표가 학생에게 어휘의 의미를 앵무새처럼 잘 따라할 수 있게 하는 것이라면 아마도 어휘의 의미를 반복적으로 연습하여 암기하도록 하는 것이 가장 적절한 지도 방법일 것이다. 하지만 학생이 공부한 어휘를 문맥 속에서 처리할 수 있기를 바란다면 그들에게 공부할 어휘를 문맥 안에서 만날 수 있는 기회가 제공되어야 한다(McKeown, Beck, Omanson & Pople, 1985). 학생이 글을 읽거나 쓸 때 어휘를 의미 있게 사용하기를 바란다면 어휘 지도는 어휘를 의미 있게 사용하는 방법도 포함해야 한다. 효과적인 어휘 지도는 학생에게 어휘를 의미 있게 처리하도록, 즉 일상적인 말하기, 읽기 및 쓰기 상황과 유사한 상황에서 어휘의 의미를 토대로 추론하도록 하는 과제를 포함해야 한다. 학생에게 단순히 어휘의 의미를 진술하게 하는 대신에, 어휘의 의미를 토대로 추론할 것을 요구하는 질문을 통하여 추론을 유도할 수 있다. 다음 두 가지 유형의 선다형 문항을 비교해 보자. 처음 문항은 학생에게 '경찰관(gendarme)'의 뜻을 찾도록 요구하고 있고, 두 번째 문항은 어휘의 의미를 토대로 추론할 것을 요구하고 있다.

① 어휘의 의미 확인

'경찰관(gendarme)'의 의미는?

    a. 벨보이

    b. 경찰관

    c. 웨이터

    d. 집배원

② 어휘의 의미 사용

'경찰관(gendarme)'이 가지고 다닐 가능성이 가장 높은 것은?

    a. 서류 가방

    b. 총

    c. 쟁반

    d. 우편물

앞의 문항은 어휘의 의미 있는 사용을 보여 주기 위한 간단한 예시이다. 실제 문항은 읽기 상황에서 어휘가 사용되는 일반적인 방식과 가까운 형식으로 구성되는 것이 좋다. 즉, 대상 어휘를 완전한 문장으로 제시한 다음에 그 의미를 토대로 좀 더 확장된 추론을 요구하는 문항이 바람직하다. 이것은 맥키언과 동료들(1985)이 깊이 있는 어휘 지식을 평가하는 데 사용했던 방법들 중 하나에 잘 예시되어 있다. 예를 들어 '맥락 해석 과제(context interpretation task)' 문항은 학생에게 다음과 같은 문장을 제시하였다. "아버지는 리사가 스티브에게 받은 편지를 찢어 버렸다는 소식을 듣고 나서 그녀의 행동을 칭찬했다." 그런 다음 학생에게 아래 질문이 주어졌다. "아버지는 스티브를 어떻게 생각했을까요?"

'빈번한 접촉(Frequent Contact)'으로 불리는 어휘 활동은 서로 관련 있는 일련의 어휘에 대한 추론을 토대로 어휘에 대해 논의할 수 있는 기회를 제공한다. 이 활동은 어휘를 분류하는 활동과 어휘를 사용하여 글을 쓰는 활동으로 구성되는데, 구체적인 절차는 다음과 같다(Jantzen, 1985: 104-105).

종이 한 장에 가로 2칸, 세로 3칸의 표를 만든다. 그런 다음 표의 첫 번째 행에 표제어인 '군인, 기타리스트, 십대'를 적는다. 아래에 제시되어 있는 어휘가 어떤 표제어와 가장 빈번하게 만날 것 같은지를 판단하여 해당 표제어 아래에 정리한다. 어휘의 의미를 모른다면 사전을 사용하고, 하나의 어휘가 여러 표제어에 해당된다고 생각할 경우에는 여러 표제어 아래에 모두 기록한다. 어휘에 대한 분류가 끝나면 2개 이상의 표제어 아래에 정리된 어휘들에 대해서는 동그라미를 친다.

앰프(증폭기)	구내식당	개	음반
(군인) 임시 숙소	카빈소총	인식표	주특기
자전거	암호	훈련	군대 매점
청바지	컴퓨터	피로감	선발
다리	책상	(현악기) 프렛	참모

발표하고 싶은 학생을 호명하여 칠판에 가로 2칸, 세로 3칸의 표를 그리게 하고, 그 학생의 분류를 판서하게 한다. 발표한 학생의 분류와 나머지 학생의 분류 간 차이점에 대해 논의하고 그렇게 분류한 이유를 설명한다. 경우에 따라서는 하나의 어휘를 2개 이상의 표제어에 정리하는 것과 관련하여 논쟁이 일어날 수 있다. 이때 누구의 분류가 '옳은지'에 대해 말다툼하지 않도록 한다. 중요한 것은 자신이 수행한 분류의 이유를 다른 학생에게 분명하게 설명하는 것이다. 동그라미 친 어휘를 다른 학생이 동그라미 친 어휘와 비교하고, 그 어휘를 그렇게 분류한 이유를 설명한다.

벡과 동료들(Beck, McCaslin, & McKeown, 1980)이 개발한 어휘 프로그램은 학생에게 어휘의 의미를 말하게 할 뿐만 아니라 사용하도록 하는 다양한 활동으로 구성되어 있다. '어휘 연결 활동'의 경우, 교사가 익숙한 어휘를 말하면 학생은 공부한 어휘 중에서 그것과 관련 있는 어휘를 선택하여 답한다. 만약 공부한 어휘가 거장, 박애주의자, 공범, 초보자라면 교사가 사기꾼(crook)이라고 말할 때, 학생은 공범이라고 답하고 그 이유를 말해야 한다.

또 다른 활동으로는 '문장 완성(sentence completion)'을 들 수 있는데, "_____ 때문에 공범이 걱정했다."에서처럼 공부한 어휘를 사용하여 문장을 완성하는 것이다. 이것은 학생에게 어휘의 의미가 사용된 실제적인 문장을 접할 수 있도록 이끈다. 중요한 것은 공부한 어휘를 단순히 말하도록 하는 대신에 실제로 사용하게 하는 활동을 제시하여 연습하도록 하는 것이다. 하지만 이 경우에도, 공부한 어휘가 들어 있는 자연스러운 문장을 적어도 몇 개는 사용해야 한다.

AIM 활동(Suhor, 1983)에서 어휘의 의미 있는 사용은 브레인스토밍, 어휘의 시각적 배열, 의견 모으기 및 토론과 결합된다. 교사들은 이 활동을 문학 작품과 영어 교과서를 읽기 위한 사전 읽기 활동으로서 7~12학년 학생에게 사용했다.

AIM 활동은 세 부분으로 이루어진 사전 읽기 활동인데, 그 목적은 학생에게 짧은 이야기(단편소설)를 더욱 재미있고, 보다 통찰력 있게 읽을 수 있도록 하는 데 있다.

교사는 적절한 주제와 그 주제를 다루는 1~2개의 이야기를 미리 준비한다. 다음의 예시에서 주제는 '인간과 현대 기술과의 관계'이다. 사용할 수 있는 단편소설로는 도널드 바셀미(Donald Barthelme)의 「보고서(Report)」, 레이 브래드버리(Ray Bradbury)의 「로켓 맨(The Rocket Man)」, 프랭크 브라운(Frank Brown)의 「디나의 노래 부르기(Singing Dinah's Song)」, 로버트 영(Robert Young)의 「9월은 30일(Thirty Days Had September)」, 그리고 커트 보니것(Kurt Vonnegut)의 「에피칵(Epicac)」 등을 들 수 있다.

활동이 진행되면 학생은 제시된 주제와 관련된 자신의 어휘 목록을 작성하고, 어휘 목록에 있는 어휘 간의 관계를 탐구하며, 주제에 대하여 의견을 나눈다. 대체로 AIM 활동은 2~4차시의 수업으로 이루어지며 다음의 3단계를 따른다.

① 어휘 연상하기(Associating Ideas)
4~5명의 학생으로 구성된 모둠은 주제와 관련 있는 어휘를 떠올리기 위해 브레인스토밍을 한다. 아래의 예시에서는 '컴퓨터'와 '자유'가 주제어로 제시되었으므로 모둠은 '컴퓨터' 혹은 '자유'를 선택하고, 그것과 관련 있는 어휘를 떠올리

기 위해 브레인스토밍을 한다.

예시) 4~5명의 학생으로 구성된 모둠을 만든다. 각 모둠은 브레인스토밍을 통하여 생성한 어휘를 정리할 기록 담당자를 정한다. 그런 다음 90초의 시간을 주고 '컴퓨터'와 관련 있는 어휘를 가능한 한 많이 브레인스토밍한다. 시간이 되면 각 모둠의 기록 담당자는 모둠에서 생성한 어휘의 수를 말하고 정리한 어휘를 소리 내어 읽는다. 다시 모둠에 '자유'라는 어휘를 제시하고, 위의 절차에 따라 관련 있는 어휘 목록을 만들게 한다.

② 어휘 연결하기(Ideas that Match)
1단계에서 생성한 '컴퓨터'와 '자유'에 대한 어휘 목록에서 서로 관련 있는 어휘 1개씩을 선택하여 어휘 쌍을 만든다. 이러한 방식으로 5개의 어휘 쌍을 만든다.

예시) 모둠에 '컴퓨터'와 관련하여 생성한 어휘 목록과 '자유'와 관련하여 생성한 어휘 목록에서 서로 관련 있는 어휘 1개씩을 선택하여 어휘 쌍을 만들게 한다. 이러한 방식으로 5개의 어휘 쌍을 만들게 한다. 1단계에서의 브레인스토밍과 달리, 이 활동은 시간이 정해져 있지 않다. 또한 모둠의 학생은 어휘 쌍의 어휘가 왜 서로 관련되는지를 설명해야 한다. 예를 들어 어떤 모둠은 '컴퓨터' 어휘 목록에서 '문서'를, '자유' 어휘 목록에서 '헌법'을 선택하여 연결할 수도 있다. 다만 다른 학생이 '문서'와 '헌법'의 관련성을 물을 때, 다음의 진술처럼 그 관련성을 설명할 수 있어야 한다. "미국 헌법은 일종의 문서이다." 이 진술은 구체적인 예시/일반적인 형식으로 되어 있다.

모둠은 5개의 어휘 쌍을 칠판에 적어서 다른 모둠이 읽을 수 있도록 하고, 관련성이 명료하지 않은 어휘 쌍에 대해서는 설명을 하도록 한다. 어휘 쌍을 이루는 어휘 간의 관계는 다양한 형태, 즉 동의어, 반의어, 범주화, 원인·결과, 비유 등의 관계를 가질 수 있다.

③ 나의 의견, 너의 의견(My Opinion, Your Opinion)

모둠은 주제와 관련하여 제시된 5개의 진술문에 대하여 동의하거나 동의하지 않는 이유에 대하여 토론한다.

예시) 아래와 같은 진술문을 칠판에 적거나 인쇄하여 학생에게 배부한다. 그들에게 진술문을 조용히 읽고, 각각의 진술문에 대해 찬성하는지 혹은 반대하는지 결정하도록 한다. 진술문에 동의하면 '찬'에, 반대하면 '반'에 동그라미를 치도록 한다.

찬 반 1. 미래는 인류에게 더 나은 세상이 될 것이다.

찬 반 2. 컴퓨터와 기계가 우리의 삶에서 큰 역할을 하므로 우리는 자연과 멀어지는 경향이 있다.

찬 반 3. 인류는 위대한 꿈을 꿀 수 있지만 그것이 현실화
될 가능성은 낮다.

찬 반 4. 언젠가 컴퓨터와 기계가 인간을 힘든 노동에서
해방시킬 것이다.

찬 반 5. 컴퓨터와 기계는 우리의 삶에서 매우 중요해져서
실제로 우리를 지배할 것이다.

각각의 서술문에 대해 학생과 토론하고 학생이 얼마나 찬
성하고 반대하는지를 알아본다. '정답'에 도달하려고 애쓰지
말고, 학생에게 왜 그렇게 생각하는지를 설명하도록 하고 자
유롭게 생각을 교환하도록 장려한다. 종종 학생은 진술문에
대해 보다 면밀하게 살펴보고 토론하는 과정에서 의견을 바
꾸기도 한다.

이제 학생은 도널드 바셀미의 「보고서」 혹은 인간과 기술
의 관계를 다룬 이야기를 읽을 준비가 되었다. 1단계에서 학
생은 주제와 관련된 어휘 목록을 작성했다. (실제로 교사는 학
생의 어휘 목록에 있는 어휘가 단편소설에서 자주 나온다고 보고하
고 있다.) 2단계에서 학생은 주제와 관련된 어휘의 쌍을 재미
있게 혹은 기발하게 만들면서 사고 능력을 발휘하였다. 3단
계에서 학생은 소설에서 제기된 중요한 쟁점에 대하여 자신
의 의견을 개진하였다. 어떤 의미에서 학생은 인간과 기술의

관련성에 대한 어휘 목록을 작성하고 의견을 개진한 '저자' 이다. 학생은 이 주제에 대한 바셸미의 탐구를 경험할 준비가 된 것이다.

6

어휘 지도의 효율성

지금까지 우리는 전통적인 어휘 지도가 읽기 능력을 향상시키지 못하는 여러 이유들 가운데 오직 하나의 이유만을 고려해왔다. 많은 연구에 따르면, 어휘 지도가 읽기 능력에 가시적인 영향을 주기 위해서는 매우 집중적인 지도가 필요하다. 왜냐하면 독자는 글에 들어 있는 어휘 중에서 상당한 양의 어휘에 대해 깊은 지식을 가지고 있어야 글을 수월하게 처리할 수 있기 때문이다.

이러한 점을 고려하면, 교사는 학생의 읽기 능력에 가시적인 영향을 주기 위해서 아주 많은 시간과 노력을 어휘 지도에 쏟아부어야 한다. 교사는 학생이 알지 못하는 모든 어휘를 집중적인 어휘 지도 방법으로, 즉 학생이 모르는 어휘를 배경지식과 연결시키고, 의미 있는 사용에 적극적으로 참여시키며, 10번 이상 만날 수 있도록 가르쳐야 한다(McKeown, Beck, Omanson & Pople, 1985). 하지만 이것은 현실적으로 가능하지 않다. 학생의 어휘 지식 수준을 글을 이해하는 데 필요한 정도로 높이려면 어마어마한 시간이 요구된다. 다행스럽게도 이러한 암울한 결론은 어휘 지도가 읽기 능력을 향상시키지 못하는 여러 이유들 중에서 오직 하나의 이유만을 고려했기 때문이다.

1) 글의 잉여성

집중적인 어휘 지도의 필요성에 대한 주장은 많은 형태의 어휘 지도가 읽기 능력을 향상시키지 못했다는 사실에 기반하고 있다. 글을 이해하려면 어휘에 대한 단순한 정의적 지식보다는 보다 풍부한 어휘 지식을 필요로 한다. 하지만 글의 '잉여성'이라는 특성도 고려해야 한다. 즉, 독자는 글에 있는 어휘들 가운데 일정 양의 어휘를 알지 못해도 글을 이해할 수 있다.

일정한 양의 모르는 어휘가 읽기 이해를 방해하지 않는다면 학생에게 해당 어휘를 가르쳐도 읽기 이해를 증가시키지 못하는 것은 당연하다. 또한 학생이 일부 어휘를 전혀 알지 못해도 글을 이해할 수 있다면 글에 있는 모르는 모든 어휘를 집중적으로 가르칠 필요가 없을 수도 있다.

그렇다면 독자는 글에 있는 어휘들 중에서 어느 정도를 알지 못해도 글을 이해하는 데 어려움을 겪지 않을까? 프리바디와 앤더슨(Freebody & Anderson, 1983)에 따르면, 6개의 '내용어 (content word)'당 1개의 내용어를 좀 더 어려운 동의어로 교체 하더라도 6학년 학생의 글에 대한 이해는 크게 감소하지 않았다. 다시 말해서, 독자는 글에 있는 어휘 중 최대 15퍼센트까지 알지 못해도 글을 이해하는 데 어려움을 겪지 않는다. 5개 어휘마다 1개 어휘 또는 10개 어휘마다 1개 어휘를 삭제한 빈칸 메우기 검 사에서도 유사한 결과를 보였다. 일반적으로 독자가 만나는 낮 선 어휘의 비율은 이보다 더 낮을 가능성이 높다. 프리바디와 앤 더슨의 연구를 재분석한 결과에 따르면, 평균적으로 5학년 학생 은 어휘 지식에 대한 관대한 기준을 적용했을 때 교과서에 나오 는 어휘 중에서 약 3퍼센트를 알지 못했다. 엄격한 기준을 적용 했을 때에는 약 6퍼센트를 알지 못했다.

글의 이해에 크게 영향을 미치지 않는 어휘의 정확한 비율 은 글의 성격, 낮선 어휘가 글에서 하는 역할, 그리고 읽기의 목 적에 따라 달라진다. 어느 경우에서든 글을 잘 이해하기 위해서 모든 어휘를 알 필요는 없다. 따라서 교사는 글에 있는 모든 새 로운 어휘를 집중적인 지도 방법으로 가르치려는 비현실적인 목 표를 세울 필요가 없다.

2) 우연적인 어휘 학습

글에 있는 새로운 어휘 모두를 집중적인 지도 방식으로 가르칠 필요가 없는 또 다른 이유는 글을 읽는 것 자체가 낯선 어휘의 의미를 학습하는 중요한 통로이기 때문이다. 읽기 이해에 가시적인 영향을 줄 정도로 체계적이고 집중적으로 그리고 장기간 동안 어휘 지도를 받은 사람들은 매우 적다. 그럼에도 불구하고 그들은 광범위한 어휘 지식을 가지고 있다. 아무리 대단한 어휘 지도 프로그램일지라도 1년에 가르치는 어휘의 수는 100개를 넘지 않는다. 그러나 최근 연구에 따르면, 학생은 매년 3,000개의 새로운 어휘를 습득한다(Miller & Gildea, 1987; Nagy & Herman, 1987).

사람들은 부모나 또래의 말, 강의나 토론, 텔레비전, 그리고 독서와 같은 다양한 통로를 통하여 어휘를 배운다. 초등학교 3학년 이후에 상당한 양의 책을 읽은 학생의 경우 책읽기가 어휘 성장의 가장 커다란 통로가 된다. 필딩과 동료들(Fielding, Wilson, & Anderson, 1986)에 따르면, 초등학교 2~5학년 동안의 어휘력 신장을 가장 잘 예측하는 요소는 자유롭게 책을 읽은 시간의 양이다.

그런데 여기에는 모순이 있는 것처럼 보인다. 왜냐하면 위의 결과는 일반적인 글에서 대부분의 문맥은 어휘의 뜻을 정확하게 추측할 수 있을 정도로 충분한 정보를 제공하지 않기 때문에 문맥을 통한 어휘 지도는 효과적이지 않다는 앞선 주장과 상반되기 때문이다. 그렇다면 어떻게 효과적이지 않은 어휘 지도 방법이 학생의 어휘 능력을 신장시키는 가장 중요한 통로가 될 수 있다는 것인가?

이에 대한 답은 학생이 읽은 글의 양과 관련된다. 최근 연구에서, 내기와 동료들(Nagy, Anderson, & Herman, 1987)은 3, 5, 7학년 학생의 문맥을 통한 우연적인 어휘 학습을 탐구하였다. 연구 결과에 따르면, 학생이 자연스러운 조건 아래에서 수준에 맞는 글을 읽었을 때 문맥을 통하여 새로운 어휘의 뜻을 학습할 확률은 대략적으로 1/20 정도였다. 얼핏 보면 이러한 결과는 문맥을 통한 어휘 학습이 효과적이지 않다는 것을 뒷받침하는 것처럼 보인다. 특히 문맥을 통한 어휘 학습이 단기간의 어휘 지도 방법으로 고려된다면 이것은 사실이다.

그러나 문맥을 통한 어휘 학습이 장기간의 어휘 지도 방법으로 고려되면 이것은 사실이 아니다. 초등학교 5학년 학생이 학교 안팎에서 글을 읽는 데 사용하는 시간은 하루에 25분 정도이다. 이 기준을 적용하면 학생은 1년에 약 20,000개의 새로운 어휘를 만난다. 그리고 20개의 어휘 중에서 1개의 어휘를 문맥으로 배운다면 1년에 1,000개의 어휘를 습득할 수 있다. 이것은 보통의 학생이 1년 동안에 습득하는 어휘 양의 1/3에 해당한다. 교사가 학생의 책읽기 시간을 하루에 25분 더 늘린다면 학생은 매년 1,000개의 어휘를 추가적으로 학습할 수 있게 된다. 학생의 수준에 알맞은 양질의 책을 읽힌다면 어휘 학습의 속도는 2배 이상 높아진다.

그렇다면 문맥을 통하여 습득한 어휘 지식의 질은 어떠한가? 앞서 언급했듯이, 읽기 이해를 가시적으로 향상시키기 위해서는 풍부하고 깊이 있는 어휘 지식이 필요하다. 문맥을 통한 어휘 지도가 집중적인 어휘 지도의 3가지 특성, 즉 '통합, 반복, 의미 있는 사용'을 제공하는가? 문맥에서 어휘를 한 번 만나는 것으로는 이러한 3가지 요소를 제공하지 못한다. 이것이 어휘 지도 방법으로서 문맥을 사용하는 것이 효과적이지 않은 이유다. 그러나 주기적이고 광범위한 책읽기는 집중적인 어휘 지도의 모든 특성을 제공한다.

첫 번째 특성인 '통합'에 대해 생각해 보자. 이것은 새로운 어휘의 의미를 독자의 기존 지식과 연결시키는 것을 말한다. 독자가 새로운 어휘가 들어 있는 글을 이해한다면 새로운 어휘는 독자의 기존 지식과 연결되며, 최소한 글에 있는 대부분의 어휘와 개념은 부분적으로는 이미 친숙하게 된 것이다. '반복'에 관해 살펴보면, 독서가 새로운 어휘를 반복적으로 제공하고 있는가에 대한 여부는 독자가 책을 얼마나 많이 읽고 있는가, 독자가 읽고 있는 책이 얼마나 빈번하게 새로운 어휘를 반복하고 있는가에 달려 있다. 학생이 학습하는 중요한 어휘들이 반복적으로 나타나고 있다면 독서는 필요한 반복을 제공하고 있는 것이다. 그리고 독자는 책을 읽는 과정에서 어휘를 의미 있게 사용한다. 책

읽기는 책을 읽는 방법을 배우는 가장 효과적인 방법이다.

　많은 사람이 어휘 지도를 받지 않아도 상당수의 어휘에 대해 깊은 지식을 가지고 있다는 점을 고려하면 폭넓은 독서는 읽기 이해에 가시적인 영향을 주는 어휘 학습을 제공한다. 나아가 습득한 어휘의 수와 해당 어휘를 만난 수가 서로 관련된다는 점을 고려하면 독서는 학생의 어휘 능력을 괄목할 만하게 신장시키는 중요한 통로임에 틀림없다.

7

효과적인 지도와
우연적인 학습 간의 상호 보완

어휘 지도가 읽기 능력을 가시적으로 향상시키지 못하는 이유와 관련하여 겉으로 보기에 서로 상반된 관점이 있는 듯하다. 한편으로는 글을 이해하려면 단순히 어휘의 뜻풀이를 아는 것보다 훨씬 더 풍부한 지식이 필요하고, 따라서 어휘 지도는 학생에게 새로운 개념들을 가르칠 수 있을 정도로 풍부해야 한다는 것이다. 이를 위하여 어휘 지도는 학생에게 새로운 정보와 그가 가지고 있는 기존 정보를 연결할 수 있도록 해야 하며, 공부한 어휘를 실제의 책읽기에 유연하게 적용할 수 있도록 충분한 연습을 제공해야 한다. 이러한 관점을 극단적으로 수용하는 방법은 학교 수업 시간의 상당 부분을 어휘 지도에 할애하는 것이다. 다른 한편으로는 글을 이해하기 위해 글에 있는 모든 어휘에 대해 깊은 지식을 가질 필요가 없으며, 오히려 책 읽기 자체가 어휘에 대한 깊이 있는 지식을 획득하는 주요 통로라는 것이다. 이러한 관점을 극단적으로 수용하는 방법은 어휘 지도를 전혀 하지 않는 것이다.

물론 양자 간의 모순은 겉으로 보기에만 모순일 뿐이다. 해결책은 교사가 어떻게 어휘 지도를 효율적으로 사용할 것인가에 달려 있다. 즉 학생이 어떤 어휘와 개념을 어려워하는지, 학생이 겪는 어려움이 무엇인지를 확인하고, 그에 대한 가장 적절한 교육적 지원을 모색하는 것이다.

학생이 능숙한 성인 독자가 되는 데 필요한 어휘 지식의 깊이와 폭 모두를 성취하려면 많은 수의 어휘를 여러 차례 만나야 한다. 이 만남은 새로운 어휘를 기존 지식이나 경험과 연결하도록 돕는다. 수준 높은 어휘 능력으로 이끄는 어휘에 대한 경험은 명시적인 지도와 책 읽기를 통한 우연적인 만남 모두를 통해 이루어진다. 확실히 명시적인 지도와 우연적인 학습 간의 균형이 필요하다.

어휘력 신장의 대부분은 필연적으로 책 읽기를 통해 이루어진다. 어휘 지도만으로는 학생에게 어휘 지식의 깊이와 폭을 습득하는 데 필요한 충분한 경험을 제공하지 못한다. 독서량을 늘리는 것이 학생의 어휘 능력을 크게 신장시키기 위하여 교사가 할 수 있는 가장 중요한 일이다. 반면에 어휘 지도도 필요하다. 문맥이 새로운 어휘의 뜻을 추론하는 데 필요한 충분한 정보를 제공하지 않는 경우가 있기 때문이다. 아마도 우리는 책을 읽으면서 자주 만났지만 그 의미에 대해 알지 못하는 수십 개의 어휘를 생각해 낼 수 있을 것이다. 어떤 경우에는 특정 어휘를 알지 못해서 글을 이해하지 못할 수도 있다. 따라서 교사의 목표는 우연적 학습과 명시적 어휘 지도 간에 최적의 분업 비율을 찾는 것이다. 즉, 어휘의 의미를 가르치는 것과 학생 스스로 어휘를 학습하도록 하는 것에 얼마만큼의 시간과 노력을 기울여야 하는지를 알아야 한다.

최적의 균형은 학생, 글, 그리고 배워야 하는 어휘에 따라 달라진다. 여기에서 고정 불변의 원칙을 정하는 것은 어리석은 일이다. 그러나 몇 가지의 원칙은 교사에게 어휘 지도에 쏟는 시간과 노력으로부터 최대의 효과를 얻을 수 있는 방법을 알려 준다. 가장 중요한 것은 글 속의 어휘들이 학생에게 주는 어려움이 무엇인지를 확인하고(예를 들어 해독인지 의미인지 등), 그것을 효과적으로 다룰 수 있는 지도 방법을 적용하는 것이다. 보다 구체적으로 말하면, 매우 신중하게 집중적으로 지도할 어휘들을 선택하고 '최소 지도(minimal instruction) 전략'을 적용하는 것이다.

1) 집중적인 지도를 위한 어휘 선택

집중적인 어휘 지도는 깊이 있는 어휘 지식을 습득하는 데 필요하다. 그러나 글에 있는 새로운 어휘 모두를 집중적인 어휘 지도로 가르칠 수는 없다. 그중에서 일부만을 집중적인 방법으로 지도해야 하므로 어떤 어휘를 지도할 것인지를 결정해야 한다. 그렇다면 어떤 어휘들을 집중적인 방식으로 가르쳐야 하는가?

우선 어려운 어휘, 즉 학생이 일상적으로 접하지 못하는 복잡한 개념을 가진 어휘가 가장 적절하다. 둘째, 의미적으로 서로 관련 있는(또는 최소한 어휘들이 하나의 주제와 관련되는) 어휘가 적절하다. 셋째, 새로운 어휘가 중요한 어휘들일 때 적절하다. 여기에서 중요하다는 것은 두 가지 의미를 갖는다. 즉, 글을 이해하는 데 중요하거나 언어에서 일반적인 유용성 때문에 중요한 것을 말한다. 마지막으로 학생이 새로운 어휘를 공부하여 말을 하거나 글을 쓸 때 활용하고자 하는 경우에 적절하다(Duin & Graves, 1987).

그런데 앞선 기준보다 더 중요하다고 여겨지는 또 한 가지 기준이 있다. 학생에게 가장 친숙하지 않은 어휘가 집중적으로 지도되어야 하는 어휘라는 생각이다. 그러나 어휘에 대한 학생의 친숙도는 어휘를 선택하는 기준이 될 수는 있지만 첫 번째 기준이 될 수는 없다.

한편으로는 글에 있는 어휘 중에서 학생에게 가장 낯선 것은 집중적인 지도를 할 어휘로서 적합하지 않을 수도 있다. 예를 들어 그것은 글을 이해하는 데 중요하지 않을 수도 있고 개념적으로 복잡하지 않을 수도 있다. 반대로 글을 이해하는 데 중요하고 개념적으로 어렵지만 학생이 피상적으로만 아는 어휘도 있다. 학생이 어휘의 뜻풀이를 말할 수 있다고 해도 해당 구절을 이해할 수 있을 만큼 충분히 잘 알고 있다고 말할 수는 없다. 따라서 어휘 지도 시간은 글을 이해하는 데 중요하지 않은 덜 친숙한 어휘보다는, 오히려 이미 부분적으로 알고는 있지만 글을 이해하기 위하여 보다 깊은 지식이 필요한 어휘에 사용되어야 한다.

어떤 어휘를 집중적으로 지도해야 하는가를 알고 싶어 하는 교사에게 가장 중요한 질문은 어떤 어휘가 개념적으로 어려운 어휘인가 하는 것이다. 많은 연구(예를 들어 Jenkins & Dixon, 1983; Graves & Prenn, 1986)는 다양한 어휘에 대한 다양한 어휘 지도 상황을 인식하는 것이 중요하다고 지적한다. 어떤 어휘는 이미 학생의 '구어 어휘(oral vocabulary)'에 포함되어 있는 것이므로 해당 어휘를 해독하는 것만을 가르치면 된다. 어떤 것은 개념적으로 익숙하여 새로운 명칭만을 가르치면 되고, 어떤 것은 새로운 개념을 가르쳐야 한다. 뜻풀이나 문맥만을 사용하는 전통적인 어휘 지도가 학생에게 새로운 개념을 학습하도록 할 것 같지는 않다. 이런 경우에 집중적인 어휘 지도가 필요하다.

어떤 어휘가 개념적으로 어려운 어휘인가? '여분의(superfluous)'는 어려운 어휘처럼 보인다. 또한 어휘가 길다. 그러나 많은 학생에게 그 개념이 새로운 것은 아닐 것이다. 그들은 이미 '불필요한(unnecessary)'이라는 어휘를 알고 있을 것이다. 한두 개의 예만으로도 '여분의'라는 어휘를 학생의 경험이나 개념에 쉽게 연결시킬 수 있다. '초전도체(superconductor)'는 다른 의미에서 어렵다. 이것을 이해하려면 전기나 저항과 같은 개념을 이해해야 한다. 아마도 '초전도체'는 대부분의 학생에게 생소한 기술적 개념에 속할 것이다.

어휘의 개념적 어려움에 대한 성인들의 판단이 실제로 학생이 그 어휘를 얼마나 어려워하는지에 대한 정보를 제공해 줄 수 있을까? 내기와 동료들(1987)은 어휘의 어떤 특성이 문맥을 통하여 어휘의 의미를 학습할 수 있는 확률에 영향을 주는지를 탐구하였다. 어휘의 개념적 어려움을 포함하여 어휘의 여러 특성이 고려되었고 개념적 어려움은 경험이 많은 교사 1명과 2명의 연구자에 의해 평가되었다. 결과에 따르면 개념적 어려움만이 문맥을 통한 어휘 학습에 영향을 주는 것으로 나타났다. 개념적 어려움의 정도가 매우 높은 어휘는 글을 한 번 읽어서는 학습되지 않았다. 특정 개념을 명시적으로 설명하기 위해서 쓰인 설명문에서조차도 개념적 어려움의 정도가 매우 높은 어휘는 글을 한 번 읽어서는 학습되지 않았다. 실제로 개념적으로 어려운 어휘를 많이 포함하고 있는 글(많은 설명문과 특정 분야에서 사용되는 용어들을 포함하고 있는 글)에서 새로운 어휘에 대한 우연적인 학습이 일어나기가 상대적으로 어려웠다.

어려운 개념이 우연적으로 글로부터 습득될 수 있지만 우연적인 습득이 얼마나 잘 이루어지는가는 글의 질에 의해 크게 좌우된다. 허맨과 동료들(Herman, Anderson, Pearson & Nagy,

1987)은 설명문을 개념적으로 보다 분명하게 만들어서, 즉 개념 간의 관계를 분명하게 서술하고 새로운 개념을 글에 있는 익숙한 개념과 연결하여 우연적인 어휘 학습의 양을 크게 증가시켰다.

그러나 교실에서 배우는 글에는 전문 용어가 다수 포함되어 있으며 개념적으로 분명하지 않다. 뜻풀이만으로는 새로운 개념을 적절히 전달할 수 없다. 집중적인 어휘 지도는 새롭고 어려운 개념을 배울 때 특히 유용하다. 이런 개념을 지도할 때 집중적인 어휘 지도의 모든 특성이 중요하지만, 특히 통합이 중요하다. 즉, 새로운 개념을 익숙한 경험이나 개념과 연결시키고 개념 간의 관계를 분명하게 설명하는 것이 목표가 되어야 한다.

집중적인 어휘 지도의 필요성을 판단할 때에는 개별 어휘의 개념적 어려움이 아니라 글 전체의 개념적 어려움을 고려해야 한다. 어휘 지도가 읽기 이해에 미치는 영향을 탐구한 연구에 따르면 글에 낯선 어휘들이 많으면 많을수록 글을 이해하기 위해서는 보다 집중적인 지도가 필요하다.

리틀과 수허(Little & Suhor, 1987)는 읽기 전 활동을 사용하여 여러 전문 용어의 의미를 찾는 방법을 보여 주었다. 이 활동은 위대한 로스 러셀(Ross Russell)이 쓴, 재즈 음악가 찰리 파커(Charlie Parker)의 전기 『새의 인생(Bird Lives)』을 이해하는 데 필요한 용어를 학습하는 과정을 포함하고 있다.

이 전기문을 이해하는 데 필요한 어휘들은 음악, 특히 재즈와 관련된 어휘이다. 전기문에 있는 모든 전문 용어를 알 필요는 없지만, 중요하고 재미있는 몇몇 용어에 대해서는 음악을 전공하는 친구나 음악 선생님, 혹은 음악을 연주하는 친척에게 물어 알아오라는 숙제를 내줄 수 있다.

1. 리듬 부분(rhythm section)
2. 하이햇 심벌즈(high-hat symbal)
3. 지역 밴드(territirial band)
4. 캐주얼(casuals)
5. 잼 세션(jam session)
6. 즉흥 연주(improvise)
7. 아이디어(ideas)
8. 리프(riff)
9. 부기우기(boogie-woogie)
10. 브리지(bridge)
11. 체인지(changes)
12. 코드(chords)
13. 변조(modulation)
14. 암부슈어(embouchure)
15. 비브라토(vibrito)
16. 절대 음감(perfect pitch)
17. 카바레(cabaret)
18. 스피크이지(speakesay)

학생이 「찰리 파커-캔자스시티 잼 세션(Charlie Parker-A Kansas City Jam Session)」을 읽기 이틀 전에 위의 어휘들을 칠판에 적고, 이것이 곧 읽을 음악가의 전기문에 나오는 어휘라고 설명한다. 학생에게 이 용어 가운데 설명할 수 있는 것이 있는지를 물어본 후, '아이디어'와 '체인지'와 같은 일부 어휘는 재즈 분야에서 특별한 의미를 갖고 있다는 것을 언급한다. (주: 18개의 어휘 중에서 6개, 즉 6, 7, 9, 11, 12, 13은 음악을 전공하지 않는 학생에게는 개념적으로 어려울 것이다.)

수업 시간에 적절하게 설명되지 않은 어휘가 있을 경우 음악을 전공하는 친구나 음악 선생님 혹은 음악을 연주하는 친척에게 물어서 조사해 올 지원자가 있는지 물어본다. 표준적인 사전적 설명이 아니라 일상적으로 사용되는 설명을 조사할 것을 강조한다. 평범한 언어로 설명하면 전문적인 사전적 설명보다 의미가 보다 분명해질 수도 있다. 사실상 처음 12개의 어휘는 주로 재즈 음악가가 사용하는 것이므로 사전에 설명이 없을 수도 있다.

2) 최소 지도의 전략적 사용

일부 어휘에 대해서는 집중적인 지도가 필요하다. 그러나 나머지 어휘는 어떻게 할 것인가? 이와 관련하여 물어야 할 가장 중요한 질문은 "전혀 가르칠 필요가 없는 어휘는 어떤 것인가?"이다. 글의 핵심을 이해하는 데 중요하지 않은 어휘를 찾을 수 있다면 그것은 지도할 필요가 없다. 수업 시간은 충분하지 않고 읽기 이해에 많은 시간을 사용해야 하기 때문이다. 글에 있는 새로운 어휘 가운데 일부가 문맥을 통하여 학습될 가능성이 있다면 학생에게 읽기 후 활동에서 그것들을 문맥으로부터 추론하도록 하는 것은 좋은 방법이다.

어휘 지도를 효율적으로 하기 위해서는 어휘가 학생에게 주는 어려움이 무엇인지를 확인해야 한다. 어떤 어휘의 경우 문제는 의미가 아니라 해독에 있을 수도 있다. 이런 어휘들은 발음에 주의를 환기시키는 것만으로도 충분하다.

어휘 지도를 효율적으로 사용하는 일반적인 원칙은 학생들이 자연스럽게 느끼는 문장에서 어휘를 듣거나 사용하도록 하는 것이다. 그러나 이 원칙도 예외가 있다. 학생에게 아메리카 대륙에 사는 가죽이 딱딱한 동물인 '아르마딜로(armadillo)'를 문장 속에서 사용하도록 하는 것보다는 잠시 동안 아르마딜로의 사진을 보게 하는 것이 낫다. 반대로 'argument(논쟁)'이나 'decision(결정)'처럼 파생접미사를 가지고 있는 어휘는 그림을 보여 주거나 뜻풀이를 제공하는 것보다 어휘가 사용되는 예를 통하여 보다 빠르게 의미를 전달할 수 있다.

이러한 점을 고려하면 어떤 어휘는 뜻풀이를 제공하는 것이 더 적절할 수 있다. 물론 뜻풀이만으로 지도하는 것을 지양해야 한다. 하지만 글을 이해하는 데 중요하지 않고, 개념적으로 복잡하지 않으며, 뜻풀이가 정확하고, 독자에게 익숙한 말이나 개념으로 설명할 수 있을 때에는 뜻풀이를 사용하는 것도 어휘를 학습하는 좋은 출발점이 될 수 있다. 이와 같은 상황은 문학 연구에서, 특히 재치 있는 말놀이나 시를 읽을 때 많이 나타난다. 예를 들어 종종 교사는 아래의 시를 공부할 때 학생에게 '충분하다(suffice), 작은 틈(cranny), 시도되다(essayed), 한탄스러운(lam-

77

entable)'과 같은 어휘에 대한 뜻풀이를 하도록 안내할 것이다.

프로스트(Frost)의 「불과 얼음(Fire and Ice)」 중에서

나는 증오라면 잘 알고 있다고 생각한다.
파괴라면 얼음도
역시 엄청난 위력을 가졌다는 사실을 알 정도로
그리고 그것으로 충분할 것이다.

테니슨(Tennyson)의 「금이 간 벽에 있는 꽃(Flower in the Crannied Wall)」 중에서

금이 간 틈에 있는 꽃,
나는 너를 틈에서 잡아 뽑는다.

스티븐 크레인(Stephen Crane)의 「한 사람이 있었다(There Was a Man)」 중에서

누군가 노래를 시도하려고 했다,
솔직히 그것은 한탄스러운 노래였다.

종종 초기 어휘 학습은 말놀이를 통해 즉시적으로 일어난다. 물론 어휘에 대한 깊이 있는 지식은 주기적인 독서를 통한 여러 차례의 의미 있는 만남으로 발생한다. 아동에게 많은 어휘를 습

득시키고자 한다면 그에게 그것들을 노출시킬 필요가 있다. 교사는 말을 할 때 학생이 이해하는 한도 내에서 가능한 한 풍부한 어휘를 사용해야 한다. 다양한 방법을 동원하여 교실을 어휘가 풍부한 환경으로 만들어서 어휘 공부가 따분한 일이 되지 않도록 해야 한다.

3) 독립적인 어휘 학습의 장려

학생이 습득해야 하는 어휘는 어휘 지도 프로그램에서 다루는 어휘보다 많을 뿐만 아니라 집중적인 어휘 지도로 다루는 어휘보다 훨씬 더 많다. 학생의 어휘 능력을 획기적으로, 장기간에 걸쳐 신장시키려면 교사는 어휘 지도의 목표를 학생의 우연적인 어휘 학습을 늘리는 것에 두어야 한다.

학생에게 우연적으로 어휘를 학습할 수 있는 기회가 많이 주어져야 한다. 사실상 이것은 책을 읽으면서 보내는 시간을 늘려야 한다는 것을 의미한다. 교사가 학생의 어휘 능력을 신장시키기 위해서 할 수 있는 가장 중요한 일은 그의 독서량을 증가시키는 것이다. 교실 밖에서의 독서량을 늘리는 것도 중요하지만 독서를 위한 준비 활동(어휘 지도 포함)에 너무 많은 시간을 빼앗기지 않음으로써 책을 읽는 시간 자체를 최대한으로 확보해야 한다. 읽기 이해를 신장시키는 활동이 독서할 수 있는 기회와 결합되면 학생의 어휘력을 신장시킬 수 있다.

학생을 보다 나은 독립적인 어휘 학습자로 성장시키기 위해서는 그에게 구체적인 어휘 학습 방법을 제공해야 한다. 그래야지만 학생은 자신의 독서로부터 어휘를 학습할 수 있게 된다. 문제는 어떤 지도 방법이 학생의 독립적인 어휘 학습을 증가시키는지에 대한 연구가 많이 진행되지 않았다는 데 있다. 그럼에도 불구하고 독립적인 어휘 학습을 증가시키는 몇 가지 방법을 간단하게 소개하면 다음과 같다.

낯선 어휘를 학생 스스로 처리하도록 돕는 데 널리 사용되는 두 가지 방법은 '문맥'과 '구조 분석(structure analysis)'이다. 의심할 여지없이, 능숙한 어휘 학습자는 새로운 어휘를 효과적으로 처리하기 위하여 문맥이나 어근 또는 접사에 대한 지식을 활용한다. 그런데 이것들을 효과적으로 가르치는 방법이 있다.

첫째, 교사는 이 방법을 전략(strategy)으로서 가르치고, 문맥이나 어휘의 부분이 새로운 어휘를 처리하는 데 어떻게 도움이 되는지 시범을 보이며, 그리고 실제적인 예를 통하여 충분히 연습할 수 있는 기회를 제공해야 한다. 문맥으로부터 어휘의 의미를 배우는 것은 '자연스러운' 어휘 학습 방법이다. 그러나 어리거나 능력이 부족한 학생 또한 문맥으로부터 어휘의 의미를 학습할 수 있을 것이라고 가정할 수는 없다(McKeown, 1985).

둘째, 교사는 물론 학생 또한 이 방법의 한계를 알아야 한다. 문맥은 종종 새로운 어휘의 의미를 파악하는 데 필요한 부분적인 단서만을 제공한다. 또 구조 분석을 옹호하는 사람의 주장과는 달리, 학생이 'abs'는 '~로부터 먼'을 뜻하고, 'tract'는 '잡아당기다'는 의미를 가지고 있다는 것을 이해한다고 하더라도, 이러한 지식을 처음 만나는 어휘인 'abstract'에 적용하기는 쉽지 않다.

어떻게 하면 문맥이나 구조 분석을 사용하는 방법을 잘 가르칠 수 있을까? 이와 관련해서는 더 많은 연구가 필요하다. 그러나 그럴 때까지 교사는 학생을 보다 나은 어휘 학습자로 성장시키기 위하여 많은 일을 해야 한다. 우선 교사는 집중적인 어휘 지도가 학생이 학습해야 하는 어휘의 일부만을 다룬다는 것을 인식해야 한다. 그리고 이러한 인식은 교사로 하여금 독립적인 어휘 학습을 증가시키는 방향으로 어휘 지도를 변화시키도록 추동한다.

사전 사용을 예로 들어 보자. 학생에게 사전에서 어휘의 뜻풀이를 찾아보도록 하는 것은 깊이 있는 어휘 지식을 획득하는 데 특별히 효과적이지 않다. 뿐만 아니라 그것은 지루하다. 반면에 사전을 사용할 수 있는 것은 중요한 능력이며 사전 찾기는 흥미로운 일이 될 수 있다. 이 사실을 안다면 교사는 어휘 학습을 싫어하게 만드는 뜻풀이를 옮겨 적는 활동이나 이와 유사한 활동을 최소화할 것이다. 대신에 사전 사용을 숙달해야 하는 하나의 기술로 다루는 활동을 최대한 늘릴 것이다.

학생이 습득해야 하는 어휘들 중에서 일부만을 다룰 수밖에

없다는 사실을 깨닫는다면 교사는 집중적인 어휘 지도를 다르게 바라볼 수 있게 된다. 새로운 어휘 모두를 가르쳐야 한다는 의무 감에서 자유로워질 때, 어휘를 깊이 있게 다룰 수 있는 시간을 갖게 된다. 그럴 경우에도 집중적인 어휘 지도는 준비 시간과 수업 시간 측면에서 비교적 부담이 되는 활동임에 틀림없다. 그럼에도 불구하고 집중적인 지도를 잘하면 어휘의 뜻풀이를 암기하는 것보다 훨씬 더 흥미롭다. 예를 들어 벡과 동료들(1980)은 도시에 거주하는 저소득층 4학년 학생을 대상으로 집중적인 어휘 지도 프로그램을 적용했는데, 학생은 프로그램이 끝나는 것을 아쉬워하며 계속해 달라고 요구하기도 했다. 그들은 프로그램에 열심히 참여하였고 공부한 어휘들을 일상생활에서도 적극적으로 활용하였다. 집중적인 어휘 지도로 야기된 어휘 학습에 대한 학생의 관심과 동기는 그들의 장기적인 어휘 성장에 긍정적인 영향을 준다.

<u>8</u>

나오며

　이 책의 목적은 새로운 어휘 지도 방법을 제시하기보다는 서로 다른 어휘 지도 방법들이 어떻게 읽기 이해를 향상시키는지를 설명하는 데 있다. 이 책이 교사에게 다양한 어휘 지도 방법을 효과적으로 사용하는 데 필요한 토대가 되기를 바란다. 아울러 가끔씩은 교사가 수고스러워 보이는 어휘 지도 방법도 사용했으면 한다.

Anders, P., and C. Bos. 1986. Semantic Feature Analysis: An Interactive Strategy for Vocabulary Development and Text Comprehension. *Journal of Reading* 29: 610-16.

Anderson, R. C., and P. Freebody. 1981. Vocabulary Knowledge. In *Comprehension and Teaching: Research Reviews*, ed. J. Guthrie, 77-117. Newark, Del.: International Reading Association.

Anderson, R. C., and P. Freebody. 1983. Reading Comprehension and the Assessment and Acquisition of Word Knowledge. In *Advances in Reading/Language Research*, ed. B. Hutson, 231-56. Greenwich, Conn.: JAI Press.

Beck, I., M. McCaslin, and M. McKeown. 1980. *The Rationale and Design of a Program to Teach Vocabulary to Fourth-Grade Students.* Pittsburgh: University of Pittsburgh, Learning Research and Development Center.

Beck, I., M. McKeown, and E. McCaslin. 1983. All Contexts Are Not Created Equal. *Elementary School Journal* 83: 177-81.

Beck, I., M. McKeown, and R, Omanson. 1987. The Effects and Uses of Diverse Vocabulary Instructional Techniques. In *The Nature of Vocabulary Acquisition*, ed. M. McKeown and M. Curtis. Hillsdale, N.J.: Erlbaum.

Beck, I., C. Perfetti, and M. McKeown. 1982. The Effects of Long-Term Vocabulary Instruction on Lexical Access and Reading Comprehension. *Journal of Educational Psychology* 74: 506-21.

Blachowitz, C. 1986. Making Connections: Alternatives to the Vocabulary Notebook. *Journal of Reading* 29: 643-49.

Carey, S. 1978. The Child as Word Learner. In *Linguistic Theory and Psychological Reality*, ed. M. Halle, J. Bresnan, and G. Miller. Cambridge, Mass.: MIT Press.

Carr, E., and K. Wixson. 1986. Guidelines for Evaluating Vocabulary

Instruction. *Journal of Reading* 29: 588-95.

Carroll, J. B., P. Davies, and B. Richman. 1971. *Word Frequency Book*. New York: American Heritage.

Clark, E. V. 1973. What's in a Word? On the Child's Acquisition of Semantics in His First Language. In *Cognitive Development and the Acquisition of Language*, ed. T. E. Moore. New York: Academic Press.

Deighton, D. 1959. Vocabulary Development in the Classroom. New York: Bureau of Publications, Teachers College, Columbia University.

Duin, A., and M. Graves. 1987. Intensive Vocabulary Instruction as a Prewriting Technique. *Reading Research Quarterly* 22: 311-30,

Fielding, L. G., P. T. Wilson, and R. C. Anderson. 1986. A New Focus on Free Reading: The Role of Trade Books in Reading Instruction. In *The Contexts of School-Based Literacy*, ed. T. Raphael. New York: Random House.

Freebody, P., and R. C. Anderson. 1983. Effects on Text Comprehension of Different Proportions and Locations of Difficult Vocabulary. *Journal of Reading Behavior* 15: 19-39.

Gipe, J. 1979. Investigating Techniques for Teaching Word Meanings. *Reading Research Quarterly* 14: 624-44 .

Graves, M., and M. Prenn. 1986. Costs and Benefits of Various Methods of Teaching Vocabulary. *Journal of Reading* 29: 596-602.

Heimlich, J., and S. Pittelman. 1986. *Semantic Mapping: Classroom Applications*. Newark, Del.: International Reading Association.

Herman, P. A., R. C. Anderson, P. D. Pearson, and W. Nagy. 1987. Incidental Acquisition of Word Meanings from Expositions with Varied Text Features. *Reading Research Quarterly* 22: 263-84 .

Hillocks, G., Jr. 1986. *Research on Written Composition*. Urbana, Ill.: National Conference on Research in English and the ERIC Clearinghouse on Reading and Communication Skills.

Jantzen, S. 1985. *Scholastic Composition*. Level 2. New York: Scholastic Inc.

Jenkins, J., and R. Dixon. 1983. Vocabulary Learning. *Contemporary Educational Psychology* 8: 237-60 .

Johnson, D., and P. D. Pearson. 1984. *Teaching Reading Vocabulary* (2d Ed.) New York: Holt, Rinehart & Winston.

Johnson, D., S. Toms-Bronowski, and S. Pittelman. 1982. *An Investigation of the Effectiveness of Semantic Mapping and Semantic Feature Analysis with Intermediate Grade Level Children* (Program Report 83-3). Madison: Wisconsin Center for Educational Research, University of Wisconsin.

Kirby, D., and C. Kuykendall. 1985. *Thinking through Language, Book One.* Urbana, 111.: National Council of Teachers of English.

Klausmeier, H. J., E. S. Ghatala, and D. A. Frayer. 1974. *Conceptual Learning and Development: A Cognitive View.* New York: Academic Press.

Koch, K., and The Students of P.S. 61 in New York City. 1980. *Wishes, Lies, and Dreams: Teaching Children to Write Poetry.* New York: Harper and Row.

Little, D. 1986. *Pre-Reading and Post-Reading Activities for Tenth Graders.* Unpublished manuscript.

Little, D., and C. Suhor. 1987. *Pre-Reading Activities for Tenth Graders.* Unpublished manuscript.

Markle, S. M. 1975. They Teach Concepts, Don't They? *Educational Researcher* 4: 3-9.

McKeown, M. 1985. The Acquisition of Word Meaning from Context by Children of High and Low Ability. *Reading Research Quarterly* 20: 482-96.

McKeown, M., I. Beck, R. Omanson, and M. Pople. 1985. Some Effects of the Nature and Frequency of Vocabulary Instruction on the Knowledge and Use of Words. *Reading Research Quarterly* 20: 222-35.

Mezynski, K. 1983. Issues Concerning the Acquisition of Knowledge: Effects of Vocabulary Training on Reading Comprehension. *Review of Educational Research* 53: 258—79.

Miller, G., and P. Gildea. 1987. How Children Learn Words. *Scientific American* 257(3): 94-99.

Nagy, W., R. C. Anderson, and P. Herman. 1987. Learning Word Meanings from Context during Normal Reading. *American Educational Research Journal* 24: 237-70.

Nagy, W., and P. Herman. 1987. Breadth and Depth of Vocabulary Knowledge: Implications for Acquisition and Instruction. In *The Nature of Vocabulary Acquisition*, ed. M. McKeown and M. Curtis. Hillsdale, N.J.: Erlbaum.

Nagy, W. P. Herman, and R. C. Anderson. 1985. Learning Words from Context. *Reading Research Quarterly* 20: 233-53.

New Orleans Public Schools. 1972. *Guidelines for the English Program in the Middle School and the Junior High School*. Division of Instruction, New Orleans Public Schools.

Pearson, P. D., and M. Gallagher. 1983. The Instruction of Reading Comprehension. *Contemporary Educational Psychology* 8: 317-44.

Perfetti, C., and A. Lesgold. 1979. Coding and Comprehension in Skilled Reading and Implications for Reading Instruction. In *Theory and Practice of Early Reading* (Vol. 1), ed. L. B. Resnick and P. Weaver. Hillsdale, N.J.: Erlbaum.

Proett J., and K. Gill. 1986. *The Writing Process in Action: A Handbook for Teachers*. Urbana, Ill.: National Council of Teachers of English.

Sanders, G. D., J. H. Nelson, and M. L. Rosenthal, eds. 1970. *Chief Modern Poets of Britain and America*. London, England: The Macmillan Co.

Schatz, E. K., and R. S. Baldwin. 1986. Context Clues Are Unreliable Predictors of Word Meanings. *Reading Research Quarterly* 21: 429-53.

Shefelbine, J. L. 1984. *Teachers' Decisions about the Utility of Dictionary Tasks and the Role of Prior Knowledge*. Paper presented at the annual meeting of the National Reading Conference, St. Petersburg, Fla.

Smagorinsky, P., T. McCann, and S. Kern. 1987. *Explorations: Introductory Activities for Literature and Composition*. Urbana, Ill.:

National Council of Teachers of English.

Stahl, S. 1986. Three Principles of Effective Vocabulary Instruction. *Journal of Reading* 29: 662-68 .

Stahl, S. and M. Fairbanks. 1986. The Effects of Vocabulary Instruction: A Model-Based Meta-Analysis. *Review of Educational Research* 56: 72-110.

Suhor, C. 1983. The AIM Game: A Pre-Reading Strategy for Teaching Short Story. *Illinois English Bulletin* 70, no. 3: 1-3.

The American Heritage School Dictionary. 1977. Boston: Houghton Mifflin.

Webster's Third New International Dictionary of the English Language, Unabridged. 1961. Springfield, Mass.: G. & C. Merriam.

가정과 교실에서의 어휘 지도

윤준채

* 〈부록〉의 일부는 '윤준채(2018), 「어휘 지도 원리를 이용한 가정에서의 어휘 지도 방안 탐색」, 『초등교육연구』 18, 179-188'을 사용한 것임.

1 어휘 지식의 중요성과
어휘 지도의 필요성

많은 읽기 연구가 일관되게 보고하고 있는 연구 결과 중의
하나는 어휘 지식과 글 이해 간에는 밀접한 관계가 있다는 것이
다. 몇 가지를 열거하면, 스타노비치(Stanovich, 1986, 2000)는 어
휘 지식과 글 이해 간에 높은 상관관계(3학년: r=.64, 7학년: r=.76)
가 있음을 밝혔다. 앤더슨과 프리바디(Anderson & Freebody,
1985: 367)는 어휘 관련 연구에 대한 검토를 바탕으로 "어휘 지식
은 글을 이해하는 데 반드시 필요한 요소 중의 하나이다. 어휘의
뜻을 모르는 사람은 아마도 가장 낮은 수준의 독자일 것이다."라
고 언급했다. 유사하게 미국읽기위원회(National Reading Panel,
2000)도 읽기 연구에 대한 종합적인 분석을 토대로 어휘 지식과
글 이해 사이에 존재하는 강한 상관관계에 대해 의심할 여지가

없다고 결론지었다. 이것은 어휘를 많이 알고 있는 독자가 어휘를 조금 알고 있는 독자보다 글을 더 잘 이해할 수 있다는 것을 의미한다. 또한 이것은 글을 읽으면서 만나게 되는 새로운 어휘를 독자에게 미리 가르치면 글에 대한 이해를 높일 수 있다는 것을 의미하기도 한다. 그러면 다음의 세 문장을 읽어 보자.

- 철호는 지수와 함께 밥을 먹었다.
- 경수와 민철이는 서너 살 차이가 나지만 서로 너나들이들까지 하게 되었다.
- 이순신 장군의 거북선은 세계 철갑선의 남상이다.

아마도 여러분은 첫 번째 문장을 이해하는 데 별다른 어려움이 없을 것이다. 그것은 여러분이 첫 번째 문장에 포함되어 있는 모든 단어의 뜻을 알고 있기 때문이다. 만약 두 번째와 세 번째 문장의 의미를 이해하는 데 어려움을 느낀다면, 이는 두 번째 문장의 '너나들이'와 세 번째 문장의 '남상'의 뜻을 정확하게 알고 있지 못하기 때문일 것이다. 두 번째 문장의 단어인 '너나들이'는 서로 너니 나니 하고 부르며 허물없이 말을 건네는 편안한 사이를 의미한다. 세 번째 문장의 단어인 '남상(濫觴)'은 양쯔 강의 커다란 강물도 거슬러 올라가 보면 그 근원은 술잔이 넘칠 정도의 작은 물에서 시작한다는 뜻으로, 모든 사물이나 일의 시초를 의미한다. 이제 알지 못했던 단어의 뜻을 알게 되었으니 두 번째와 세 번째 문장의 뜻을 파악하는 데 어려움이 없을 것이다.

간단한 사례를 통해 경험했듯이 독자가 가지고 있는 어휘 지식과 글에 대한 독자의 이해 사이에는 높은 정적인 관련성이 존재한다. 즉, 독자가 어휘 지식을 많이 가지고 있을수록 글을 보다 쉽게 이해할 수 있고, 독자가 어휘 지식을 적게 가지고 있을수록 글을 이해하는 데 보다 많은 어려움을 겪게 된다. 따라서 어휘 지식은 글을 잘 이해하기 위한 선결 요건이 된다.

그런데 글의 뜻을 이해하는 데 없어서는 안 될 요소인 어휘 지식은 독자가 처한 상황에 많은 영향을 받는다. 장기간에 걸쳐 아동의 어휘 발달 과정을 추적한 연구(Hart & Risley, 1995)에 따르면, 유아가 태어나면서부터 36개월이 될 때까지 사용한 어휘의 양은 부모의 사회·경제적 지위에 의해 좌우된다. 예를 들어 복지 시설에서 생활하는 유아가 36개월이 될 때까지 구사하는 단어의 수는 대략 500개 정도에 불과하다. 이와는 대조적으로 중산층 가정에서 생활하는 유아가 3살이 될 때까지 사용하는 단어의 수는 약 700개이며, 전문직에 종사하는 가정에서 생활하는 유아가 3살이 될 때까지 사용하는 단어의 수는 대략 1,100개에 달한다. 결국 독자가 어느 가정에서 태어났느냐가 그의 인생 초기의 어휘 지식을 결정하는 셈이다.

나아가 어휘 지식에 있어서의 개인차는 독자가 수행하는 직·간접적인 어휘 학습뿐만 아니라 독서 경험에 따라 지속적으로 심화된다. 독자의 어휘 발달 과정을 탐구한 벡과 맥키언(Beck &

McKewon, 1991)에 따르면, 일반적으로 초등학교 1학년 학생은 최소 2,500개에서 최대 26,000개의 단어를 읽고 이해할 수 있다. 대학생은 최소 19,000개에서 최대 200,000개의 단어를 읽고 이해할 수 있다. 이러한 결과를 보면 어휘 지식과 관련하여 풍부한 어휘 지식을 가지고 있는 독자와 빈약한 어휘 지식을 가지고 있는 독자의 차이, 즉 모츠(Moats, 2001)에서 말한 '어휘 빈곤(word poverty)'은 실로 엄청나다.

그렇다면 이러한 차이는 왜 발생하는 것일까? 어휘 지식에서의 개인차를 포함하여 읽기 능력에서의 개인차 현상은 '마태 효과(Matthew effect)'(Stanovich, 1986)로 설명될 수 있다. 이것은 부자는 더욱 부자가 되고 가난한 자는 더욱 가난해지는 읽기에서의 부익부 빈익빈(富益富 貧益貧) 현상을 말하는데, 독자 간에 나타나는 어휘 지식에서의 개인차를 설명하는 데에도 유용하다. 이 가설에 따르면 어휘 지식이 많은 독자는 그렇지 않은 독자에 비해 글을 쉽게 이해하고 그로 인해 보다 많은 새로운 어휘를 더 많이 습득한다. 그리고 그것을 토대로 새로운 글을 더욱 많이 읽고 쉽게 이해한다. 그리고 또다시 더 많은 낯선 어휘를 습득할 수 있는 기회를 갖는다. 이러한 선순환과는 대조적으로, 어휘 지식이 빈약한 독자는 그렇지 않은 독자에 비해 글을 쉽게 이해하지 못하고 그로 인해 새로운 어휘를 습득하기 어렵다. 그리고 다시 새로운 글을 이해하는 데에도 더 많은 어려움을 겪게 된다. 결국에는 책 읽기를 포기함으로써 새로운 어휘를 습득할 기회를 갖지 못한다.

어휘 지식은 글을 이해하는 데 필수불가결한 요소이다. 더 나아가 그것은 궁극적으로 독자의 향후 삶에도 의미 있는 영향을 미친다. 그런데 불행히도 어휘 지식에 있어서의 불평등은 생각보다 인생의 이른 시기에 시작된다. 그리고 이 불평등은 생애에 걸쳐 지속적으로 심화된다. 우리가 가정이나 학교에서 학생에게 어휘 학습에 대한 흥미와 중요성을 강조하고, 어휘를 직·간접적으로 배울 수 있는 기회를 풍부히 제공해야 하는 까닭도 바로 여기에 있다.

2 어휘 지식과 글 이해 간의 관련성

　앞서 간단한 예를 통해 확인했듯이, 어휘 지식과 글에 대한 이해 사이에는 매우 강한 관련성이 존재한다. 이러한 까닭으로 어휘 지식이 풍부한 독자는 글을 쉽게 이해하는 반면에 어휘 지식이 빈약한 독자는 글을 이해하는 데 어려움을 겪는다. 이처럼 어휘 지식과 글 이해 간에 존재하는 의미 있는 상관성은 매우 명료해 보인다. 하지만 어휘 지식과 글에 대한 이해가 왜 서로 관련되는지에 대한 명쾌한 설명을 찾기는 쉽지 않다. 다만 어휘 지식과 글 이해 간의 높은 상관관계를 설명하는 여러 가설이 있을 뿐이다. 도구가설, 지식가설, 일반능력가설, 접근가설이 그것인데, 다음에서는 이러한 가설을 통해 어휘 지식과 글에 대한 이해가 서로 관련되는 이유를 살펴보았다.

어휘 지식과 글 이해 간의 관련성을 설명하는 첫 번째 가설은 도구가설(Anderson & Freebody, 1981)이다. 먼저 도구가설에 대한 이해를 돕기 위하여 간단한 예로 시작해 보자. 지난 크리스마스에 선물로 받은 멋진 풍경화를 사무실 벽에 걸려고 했다. 그런데 사무실에 못은 있었는데 망치가 없어 못을 치지 못하고 있었다. 마침 옆 사무실에서 일하고 있던 목수에게 망치를 빌려 그림을 걸 수 있었다. 이러한 상황에서 망치는 벽에 못을 박는 데 없어서는 안 될 도구이며 벽에 못이 박히게 되는 원인이다. 그리고 벽에 고정된 못은 망치라는 원인으로 발생한 결과이다.

도구가설은 어휘 지식과 글 이해 간의 관계를 이러한 인과적 관계로 파악한다. 다시 말하면 도구가설은 어휘 지식이 글 이해의 도구로서 원인이며, 글 이해는 그 원인으로 발생하는 결과라고 가정한다. 그러므로 아동에게 새로운 단어를 가르치면 글에 대한 이해를 높일 수 있는데, 그것은 어휘 지식이 글 이해에 직접적인 원인으로 작용하기 때문이다. 결국 이 가설에 따르면 어휘 지식 없이는 글을 이해하기 어려운데 그것은 어휘 지식이라는 결정적인 도구가 존재하지 않기 때문이다.

어휘 지식과 글 이해 간의 관련성을 설명하는 두 번째 가설은 지식가설(Anderson & Freebody, 1981)이다. 이 가설은 어휘 지식, 즉 어휘에 대한 뜻풀이 지식이 글 이해에 영향을 미치기보다는 독자의 어휘에 대한 일반적 지식, 즉 뜻풀이 지식을 넘어서는 보다 넓은 어휘 지식이 글에 대한 이해를 높인다고 가정한다.

다시 말해 어휘를 많이 알고 있는 독자가 그렇지 않은 독자보다 글을 보다 잘 이해하는 까닭은 그가 단순히 어휘를 많이 알고 있기 때문이 아니라 글과 관련된 배경지식을 많이 갖고 있기 때문이다.

예를 들어 잠수함 조종사가 비행기 조종사보다 잠수함에 대한 글을 보다 잘 이해할 수 있는 까닭은 잠수함 조종사가 '소나, 어뢰, 축전지실' 등과 같이 잠수함과 관련 있는 어휘에 대한 뜻풀이 지식을 많이 가지고 있기 때문이 아니다. 그것은 그가 잠수함 용어에 대한 뜻풀이 지식을 넘어서는 보다 전문적인 지식을 가지고 있기 때문이다. 따라서 비행기 조종사에게 잠수함 용어에 대한 뜻풀이를 충분히 제공한다 하더라도 잠수함에 대한 글을 이해하기 어려운 이유가 바로 여기에 있다. 결국 이 가설에 따르면 어휘 지식이란 어휘에 대한 뜻풀이 지식을 넘어서는 보다 넓은 일반지식을 포함하며, 이것이 바로 읽기 이해에 직접적인 영향을 준다.

어휘 지식과 글 이해 간의 관련성을 설명하는 세 번째 가설은 일반능력가설(Anderson & Freebody, 1981)이다. 수차례 언급했듯이, 어휘 지식과 글 이해 간에는 매우 강한 상관관계가 있다. 이것은 어휘를 많이 알고 있는 독자는 글을 잘 이해하고 읽기 시험에서 높은 점수를 받는 반면, 어휘 지식이 빈약한 독자는 글을 잘 이해하지 못해 읽기 시험에서 낮은 점수를 받는다는 것을 의미한다. 일반능력가설에 따르면 어휘 지식과 글 이해 간의 높은 관련성은 어휘 지식과 글 이해 모두가 지능이나 적성과 같은 독자의 일반능력을 반영하고 있기 때문이다. 어휘 지식이 많은 것은 일반적인 능력이 높기 때문이며, 글 이해가 높은 것도 일반적인 능력이 높기 때문이다. 예를 들면, 지능이 높은 부모를 가진 자녀의 수학 성적과 영어 성적 간에는 높은 관련성이 있는데, 이것은 부모의 지능이 자녀의 수학 및 영어 성적에 어떤 식으로든 영향을 주었기 때문이다. 결국 자녀의 높은 성취는 부모의 높은 지능의 또 다른 모습에 불과하다. 이러한 관점에서 보면 어휘 지식과 글 이해가 서로 관련 있는 것은 양자 모두가 독자의 일반능력을 반영하고 있기 때문이다.

어휘 지식과 글 이해 간의 관련성을 설명하는 마지막 가설은 접근가설(Mezynski, 1983)이다. 이 가설은 정보처리 이론을 토대로 하고 있다. 정보처리 이론에 따르면, 인간이 한 번에 가용할 수 있는 단기기억의 용량은 대단히 제한적이다. 따라서 인간이 한 번에 여러 가지 일을 처리할 수 없는 이유도 여기에 있다. 이것을 글 읽는 상황에 적용시켜 보면, 글을 잘 이해하기 위해서는 단어와 글을 모두 잘 처리해야 한다. 그런데 단어를 처리하는 데 너무 많은 인지적 용량을 사용하면, 글을 처리하는 데 사용할 수 있는 인지적 용량이 감소하여 글을 이해하기 어렵게 된다. 글을 잘 이해하기 위해서는 단어 처리를 자동화하여 여기에 사용하는 인지적 용량을 최소화하고, 나머지 인지적 용량을 글을 처리하는 데 사용해야 한다. 결과적으로 어휘 지식이 많은 독자는 어휘 처리를 자동적으로 수행할 수 있기 때문에 최소한의 인지적 용량을 사용하며, 대신에 자신의 인지적 용량의 대부분을 글 처리에 사용할 수 있다. 따라서 글을 좀 더 잘 이해할 수 있게 된다. 결국 접근가설은 독자가 글을 읽으면서 어휘의 의미를 찾고, 평가하고, 사용하는 것을 자동화할 때, 즉 어휘에 대한 접근을 자동화할 때, 글 이해에 더 많은 인지적 용량을 사용하여 글에 대한 이해를 촉진시킨다고 가정한다.

[표] 어휘 지식과 글 이해 간의 관련성을 설명하는 가설

가설	도구가설	지식가설	일반능력가설	접근가설
설명	어휘 지식이 글 이해에 직접적으로 영향을 줌.	어휘 지식은 어휘에 대한 사전적 지식이라기보다는 보다 깊고 넓은 일반적 지식이며, 이 지식이 글 이해에 직접적으로 영향을 줌.	어휘 지식과 글 이해는 일반능력을 반영하며, 양자 간의 관련성은 일반능력으로부터 기인함.	어휘의 의미를 찾고, 평가하고, 사용하는 것이 자동화될 때, 글 이해에 더 많은 인지적 용량을 사용할 수 있어 글 이해가 촉진됨.
도식	어휘 지식 → 글 이해	어휘 지식 (일반지식) → 글 이해	일반능력 ↗ ↘ 어휘 지식 글 이해	어휘 지식 → 어휘 자동성 → 글 이해

그렇다면 학생에게 어휘를 가르치는 교사로서 혹은 학부모로서 여러분은 어떤 가설이 옳다고 생각하는가? 중요한 것은 여러분이 어느 가설을 취하느냐에 따라 어휘 지도의 방법이 달라질 수 있다는 것이다. 만약 지식가설을 받아들인다면 어휘를 지

도할 때 국어사전을 찾아 해당 어휘의 뜻을 파악하는 정도로 그치기보다는 그것과 관련된 배경지식을 형성할 수 있는 기회를 제공할 것이다. 접근가설을 받아들인다면 어휘에 대한 반복적인 연습을 통해 그것을 자동적으로 처리하는 데 지도의 초점을 맞출 것이다. 여러분은 어떤 가설이 옳다고 생각하는가?

3 가정에서 어휘 지도하기

아동에게 어휘를 가르치는 것은 학교의 일만이 아니다. 어휘 지식은 글을 이해하는 데 없어서는 안 될 중요한 요소일 뿐만 아니라 미래의 삶에도 지대한 영향을 준다는 점을 생각하면 어휘 교육을 학교에만 의존해서는 결코 안 된다. 학교에서와 마찬가지로 부모는 가정에서 아동에게 어휘를 지도할 필요가 있다. 여러 연구(Henderson, 1988; Postlethwaite & Ross, 1992)에 따르면 부모의 참여는 일반적으로 교육 영역에서, 특히 읽기 영역에서 아동의 성공에 영향을 주는 핵심 요소이다. 어휘를 직접적으로 지도했든 혹은 간접적으로 지도했든 간에 어휘 지식이 많은 아동이 가장 높은 수준의 읽기 성취를 보였다. 이러한 결과는 전혀 이상해 보이지 않는다.

그런데 부모가 가정에서의 어휘 지도와 관련하여 경험하는 가장 큰 어려움은 자신이 가르친 단어를 자녀가 일주일 혹은 한 달 후에 잊어버리지 않고 머릿속에 고스란히 간직할 수 있으리라는 보장이 없다는 데 있다. 특히 부모가 아동에게 어휘를 지도하기 위하여 전통적인 어휘 학습 방법, 즉 사전을 통해 단어에 대한 뜻풀이를 살펴보고 한두 차례 단어와 뜻풀이를 말하거나 써 보게 하는 학습 활동을 사용했다면 어휘 학습의 성공 가능성은 그리 높지 않다. 왜냐하면 사전을 토대로 수행하는 전통적인 어휘 학습에는 효과적인 어휘 학습의 원리가 충분히 반영되어 있지 않기 때문이다.

이와 관련하여 스탈(Stahl, 1986)은 효과적인 어휘 지도의 원리로 '통합, 반복, 의미 있는 사용'을 제안하였다. 이에 대해서는 앞에서 상세하게 설명했으므로 아래에서는 간략하게 소개한다. 대신 가정에서 아이와 함께 티에리 마리쿠르(Thierry Maricourt)의 『색깔은 어떤 맛일까?(Les Couleurs Retourvées?』(2005)를 읽으면서 이러한 원리를 적용한 어휘 지도 사례를 제시한다.

첫째, 효과적인 어휘 지도의 첫 번째 원리는 '통합의 원리'이다. 이것은 새로운 단어를 가르칠 때 사전을 통해 단어의 뜻풀이만을 가르치기보다는 가르칠 단어와 관련하여 아동이 이미 알고 있는 세상 지식을 적극적으로 활용·통합하면서 단어를 지도하라는 원리이다. 학습은 새로운 지식과 기존의 지식을 유의미하게 연결하는 과정을 통해 일어난다는 점을 고려하여, 새로운 단어를 아동의 머릿속에 기계적으로 넣어 주려고 애쓰지 말라는 것이다. 그보다는 먼저 가르칠 단어에 대해 아동이 이미 알고 있는 것이 무엇인지를 살펴보라는 것이다.

다음은 집에서 초등학교 1학년 아이와 함께 『색깔은 어떤 맛일까?』를 읽으면서 '향기'라는 단어를 가르친 사례이다. 통합의 원리를 적용한 '단어 의미망' 활동을 진행하였다. 이 활동은 개인 활동뿐만 아니라 모둠 활동으로도 할 수 있다. 아래의 절차를 따라가면 가정에서도 아이와 함께 '단어 의미망'을 통해 새로운 단어를 쉽게 공부할 수 있다.

- 단계 ①: 아동이 책을 읽다가 모르는 단어의 뜻을 물어보면 간단하게 뜻을 알려주어 내용을 이해할 수 있도록 돕는다. 그런 다음 그것을 잘 메모해 두었다가 가르칠 단어로 선택한다.
- 단계 ②: 아동에게 공부할 단어를 종이 중앙에 커다랗게 적고 동그라미를 치도록 한다.
- 단계 ③: 아동에게 단어의 뜻을 간단하게 알려주고 그것과 관련 있는 모든 것들을 떠올리도록 한다.
- 단계 ④: 아동이 초등 저학년일 경우, 단어와 관련된 내용을 쉽게 생각해 낼 수 있도록 적절한 이름(좋은 냄새

나는 것, 좋은 냄새 나는 곳 등)을 미리 제시한다. 아동이 초등 고학년 이상일 경우, 떠올린 것을 서로 관계있는 것으로 묶고 적당한 이름을 붙이도록 한다.

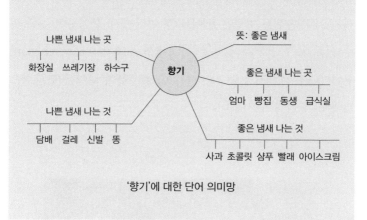

'향기'에 대한 단어 의미망

둘째, 효과적인 어휘 지도의 두 번째 원리는 '반복의 원리'이다. 이것은 새로운 단어를 가르치기 위해서는 단어를 다양한 상황에서 반복적으로 만날 수 있는 기회를 제공하라는 원리이다. 한 연구(Gates, 1930; Hiebert & Kamil, 2005에서 재인용)에 따르면, 지능 지수(IQ)가 120~129 범위에 있는 아동이 새로운 단어를 머릿속에 기억하기 위해서는 그것을 최소 20번은 만나야 한다. 지능 지수가 90~109 범위에 있는 아동과 60~69 범위에 있는 아동이 새로운 단어를 학습하기 위해서는 각각 35번, 55번 정도는 만나야 한다. 이러한 연구 결과를 생각하면, 새로운 단어를 한두 번 만나서는 그것을 머릿속에 담아 두기 쉽지 않다.

따라서 아동에게 단어를 효과적으로 학습하도록 하기 위해서는 학습할 단어를 반복적으로 노출시킬 필요가 있다. 이와 관련하여, 가정에서 아동에게 공부할 단어를 반복적으로 만나게 하는 가장 손쉬운 방법은 단어를 벽 여러 곳에 붙여두어 자주 볼 수 있게 하는 것이다. 다음은 가정에서 포켓 차트(pocket chart, 단어 카드를 끼워 넣을 수 있는 차트)를 활용하여 단어를 반복적으로 만나게 한 활동 사례이다.

포켓 차트를 활용한 어휘 지도

반복적인 노출을 통하여 아들의 어휘 지식을 늘려주려는 목적으로 동네 문구점에서 단어 카드를 끼워 넣을 수 있는 포켓 차트를 구입하여 거실 한쪽 벽에 걸어 놓았다. 그리고 책을 읽으면서 아들이 물어보는 단어에 대한 뜻을 아주 쉽게 풀이하여 카드에 적은 다음, 그것을 포켓 차트에 수시로 끼워 넣어 두었다. 대략적으로 2주마다 포켓 차트에 있는 단어를 꺼내 아들에게 뜻을 물어보았다. 뜻을 알고 있는 단어에 대해서는 단어 통장(word bank)에 넣어 주었고 뜻을 알고 있지 않은 단어에 대해서는 포켓 차트에 계속 남겨 두었다.

셋째, 효과적인 어휘 지도의 마지막 원리는 '의미 있는 사용' 이다. 이것은 아동을 어휘 학습에 적극적으로 참여시켜 단어에 대한 깊이 있는 처리를 촉진하라는 원리이다. 일반적으로 단어 처리 수준은 관계 처리 수준, 이해 처리 수준, 구성적 처리 수준의 세 가지로 나뉜다. 관계 처리 수준이란 서로 관련 있는 단어를 사용하여 새로운 단어를 지도하는 것을 말하는데, 유의어나 반의어 혹은 상하위어 등을 활용하여 어휘를 가르치는 것이 여기에 해당된다. 이해 처리 수준은 문장의 빈칸 채우기, 단어 분류하기, 단어 분석하기(예를 들어 어근이나 접사 활용하기) 등과 같이 직접적으로 단어를 활용하면서 어휘를 지도하는 것을 가리킨다. 마지막으로 구성적 처리 수준은 단어를 활용하여 새로운 결과물을 만들게 함으로써 단어를 가르치는 것을 말하는데, 단어 처리 수준 중에서 가장 깊이 있는 처리를 가능하게 한다. 구체적인 방법으로는 단어의 뜻풀이를 자신의 말로 새롭게 정의하거나 단어를 활용한 간단한 글쓰기 등을 꼽을 수 있다.

가정에서의 어휘 지도는 자칫 지루한 활동이 되기 쉽다. 효과적인 어휘 학습이 되기 위해서는 부모가 아동에게 어휘 학습에 대해 관심과 흥미를 갖도록 하는 것이 무엇보다 중요하다. 그림을 활용하는 것도 좋은 방법이다. 다음은 가정에서 『색깔은 어

- 단계 ①: 카드 한 장을 준비하여 두 칸으로 나눈다. 카드 왼쪽 면에 학습할 단어를 하나 적는다.
- 단계 ②: 카드의 오른쪽 면에 공부할 단어에 대한 뜻풀이와 예문을 적는다. 그리고 아동에게 단어의 의미를 잘 드러내는 그림을 그리거나 찾도록 한다.
- 단계 ③: 아동에게 공부할 단어와 비슷한말이나 반대말을 떠올리도록 한다. 그리고 그것을 어떻게 알게 되었는지 말하도록 한다(선택 활동).

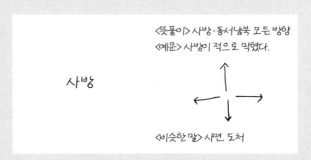

그림 단서 전략을 활용한 어휘 지도

떤 맛일까?』를 읽으면서 '사방(四方)'이라는 단어를 이해 처리 수준에서 가르친 어휘 지도 사례이다. 특히 이 활동은 아동에게 공부할 단어에 대한 그림(시각적) 단서를 구성할 수 있는 기회를 주는 '그림 단서(Logographic Cues) 전략'을 활용하였다.

아동의 어휘 지식은 인생의 이른 시기에서부터 차이가 발생하며, 그 차이는 아동이 성장하면서 더욱 커진다. 그리고 아동의 향후 삶에도 의미 있는 영향을 준다. 가정에서도 아동의 어휘 학습에 관심을 가져야 하는 까닭이 여기에 있다. 어휘 지도는 학교에서만 할 수 있는 활동이 아니다. 이것은 가정에서 하기에도 알맞은 활동이다.

4 어휘 지도 방법으로서의 교실 독서 활동

일반적으로 학생은 매년 2,000개에서 3,500개의 새로운 어휘를 습득하는 것으로 알려져 있다(Beck & McKewon, 1991; Anderson & Nagy, 1993). 아마도 그는 부모나 가족 또는 친구의 말, 수업이나 토론, 텔레비전이나 컴퓨터 등의 다양한 통로를 통하여 어휘를 습득할 것이다. 하지만 많은 어휘 연구(Fielding, Wilson & Anderson, 1986; Stahl, 1999)에서는 폭넓은 책 읽기(wide reading)가 학생의 어휘 지식을 신장시키는 가장 중요한 원천이라는 데에 이견이 없다. 이와 관련하여, 필딩과 동료들(1986)은 초등학교 2~5학년 동안의 어휘력 신장을 가장 잘 예측하는 요소로 자유롭게 책을 읽은 시간의 양을 꼽았다. 밀러와 길디어(Miller & Gildea, 1987)도 책을 읽는 데 소비한 시간의 양이 어휘 지식의 성장을 예언하는 가장 중요한 요소 중의 하나라라고 설명했다.

더 나아가 스탈(1999)은 학생이 독서를 통해 얼마만큼의 어휘를 늘릴 수 있는지를 보여 주었다. 그에 따르면 초등학교 5학년 학생이 학교 안팎에서 1분에 150단어 정도를 읽는 약간 느린 속도로 매일 1시간씩 매주 5일 동안 책을 읽는다면, 1년 동안 책을 읽으면서 대략 2,250,000개의 단어를 만난다. 책을 읽으며 만난 단어 가운데 2~5%의 단어가 그에게 낯선 단어라면 45,000~112,500개의 새로운 단어를 만나는 것이다. 그리고 새로운 단어 중에서 5%의 단어를 습득한다면 매년 적어도 2,250개의 새로운 단어를 습득할 수 있다. 결국 풍부한 독서 기회를 제공하는 것 자체가 새로운 어휘를 학습하는 가장 중요한 통로임을 알 수 있다.

이와 관련하여 교실에서 학생에게 책을 읽을 수 있는 기회를 제공하는 좋은 방법이 있다. 그것은 바로 '교실 독서 활동'이다. 이것은 교실에서 매일 20분 정도 학생에게 스스로 선택한 책을 읽을 수 있는 시간을 제공하는 자율 독서 활동이다. 앞서 언급했듯이, 이 활동은 학생의 어휘 지식을 신장시키는 효과적인 방법이다. 스탈의 기준을 적용하면 학생은 교실에서의 20분 책 읽기만으로도 매년 500개의 새로운 어휘를 습득할 수 있다. 책 읽기 시간을 하루에 10분 더 늘린다면 매년 250개의 새로운 어휘를 추가적으로 학습할 수 있다. 이것은 보통의 학생이 1년 동안에 습득하는 어휘 양의 1/3에 해당한다. 적은 양이 아니다.

그런데 의미 있는 책 읽기는 진공 상태에서 일어나지 않는다. 이 활동을 성공적으로 수행하기 위해서는 몇 가지 규칙이 필요하다. 읽을 책에 대한 자율적인 선택, 교사의 모델링, 독서 활동에 대한 비책무성이 그것이다.

첫째, 읽고 싶은 책을 선택하게 하라. 디시와 라이언(Deci & Ryan, 1985)의 내적 동기 이론에 따르면 개인적인 흥미는 학생의 학습 욕구를 활성화시키는 가장 중요한 원천이다. 독서의 관점으로 볼 때, 이것은 개인적인 호기심이나 흥미를 불러일으킬 수 있는 읽기 자료가 학생의 읽기 능력과 태도를 발달시키는 데 중요한 역할을 할 수 있음을 시사한다. 예를 들어 세실(Cecil, 1984)은 학생의 흥미를 반영한 읽기 자료를 읽은 학생이 그렇지 못한 읽기 자료를 읽은 학생보다 읽기 검사에서 높은 점수를 얻었다는 결과를 발표했다. 쉬펠레(Schiefele, 1991)는 흥미가 높은 읽기 자료를 읽은 학생이 그렇지 않은 읽기 자료를 읽은 학생보다 정보를 더욱 정교하게 처리했다는 사실도 밝혀냈다. 또한 핑크(Fink, 1996)는 읽기 장애를 가진 학생 또한 흥미로운 읽기 자료를 읽을 때 정보를 적절하게 이해할 수 있다는 결과를 발표했다. 이러한 결과는 읽기 자료에 대한 학생의 흥미가 학생의 읽기 태도 및 읽기 이해에 영향을 준다는 사실을 뒷받침한다. 따라서 20분 동안의 교실 독서 활동을 위하여 모든 구성원에게 읽기 자료를 자율적으로 선택할 수 있는 권리를 제공해야 한다.

둘째, 교사가 모델이 되라. 인간의 많은 행동은 관찰이나 모방을 통해 학습된다(Bandura, 1986). 특히 어린 학생에게 있어 부모, 교사, 친구, 유명인의 특정 행동은 모방의 중요한 대상이 된다. 이러한 측면에서 학생에게 책 읽는 모습을 자주 보여 주는 것은 학생의 읽기 태도를 촉진시키는 효과적인 방법이 될 수 있다. 이와 관련하여 많은 읽기 연구자는 학생의 읽기 태도를 진작시키기 위해 교사에게 모범적인 읽기 행동을 보여 줄 것을 강조한다. 예를 들어 갬브렐은 "학생들과 함께 하라. 읽기가 가치 있는 일이라는 것을 그들에게 보여 주어라."(Gambrell, 1981: 898)라고 권고했다. 아울러, 웰덜과 엔트위슬(Wheldall & Entwhistle, 1988)은 교실 독서 활동에서 교사와 함께 책을 읽는 학생의 읽기 행동이 통제 집단에 참여한 학생의 읽기 행동에 비해 32퍼센트 증가했다는 결과를 보고했다. 이러한 결과는 교사의 읽기 모델이 학생의 읽기 행동에 비언어적인 피드백으로서 긍정적인 영향을 미친다는 것을 뒷받침한다. 따라서 교실 독서 활동 동안 교사는 학생과 함께 책을 읽으면서 모범적인 읽기 모델을 제시해 주어야 한다.

셋째, 책을 읽고 난 후에 과제를 부과하지 말라. 교실 독서 활동 동안 학생에게는 독서일지 작성이나 독후감 제출 등과 같은 일체의 과제가 주어져서는 안 된다. 읽기 활동에 대한 과중한 책무는 오히려 그것으로부터 오는 읽기의 즐거움을 감소시킬 수 있다. 내기와 동료들은 "교실 독서 활동은 읽기에 불을 붙이기 위한 불꽃이어야 한다. 지나친 책무는 불꽃에 물을 붓는 것과 다름없다. 활동의 책무성에 대한 강조는 생애 독자의 발달을 저해한다."(Nagy, Campenni & Shaw, 2000: 6)고 했다. 따라서 읽기 활동에 대한 책무를 강조하기보다는 학생이 읽기 활동에 적극적으로 참여할 수 있도록 교사는 언어적·비언어적 격려를 아끼지 말아야 한다.

교실 독서 활동은 학생에게 여러 면에서 유익하다. 학생의 어휘 지식을 신장시킨다. 읽기 태도와 읽기 능력도 발달시킨다. 무엇보다도 이것은 교실의 모든 구성원이 함께 참여할 수 있는 행복한 활동이다. 오늘부터라도 하던 모든 일을 멈추고 교실의 모든 구성원이 자신이 원하는 책을 고른 다음 20분 동안 책을 읽게 해 보자. 곧 20분을 투자하기에 충분히 의미 있는 활동임을 깨닫게 될 것이다.

5 가르칠 어휘를
선택하는 원리

글을 읽기 전에 글을 쉽게 이해할 수 있도록 하기 위하여 독자가 알지 못하는 어휘를 미리 가르친다고 가정해 보자. 그럴 경우, 여러분은 독자에게 낯선 어휘 모두를 가르칠 것인가? 아니면 그 중에서 몇 개만을 골라서 가르칠 것인가? 몇 개만을 골라서 가르친다면 어떤 기준에 따라 어휘를 선택할 것인가? 아마도 글을 이해하는 데 반드시 알아야 하는 어휘를 가르쳐야 한다는 데에는 이견이 없을 것이다. 그밖에 어떤 단어를 가르칠 것인가? 어려운 단어를 가르칠 것인가? 독자가 글에서 자주 만나지 못하는 단어를 가르칠 것인가? 그 까닭은 무엇인가? 다음 글을 읽고 독자에게 가르칠 어휘를 생각해 보자. 그리고 그 까닭도 말해 보자.

115

울창한 숲이 사라지고 많은 쓰레기가 그 자리를 차지하고 있다. 그 쓰레기를 만들어 내는 주범의 하나가 바로 일회용품이다. 그것의 사용을 줄이고 재활용하지 않는 한 쓰레기 문제를 해결하기란 요원하다.

앞에서 소개했듯이 독자의 어휘 지식에는 매우 심한 개인차가 존재한다. 2,500개의 어휘밖에 이해하지 못하는 초등학교 1학년 독자가 있는 반면에 26,000개의 어휘를 읽고 이해할 수 있는 초등학교 1학년 독자도 있다. 또한 19,000개의 단어만을 이해할 수 있는 대학생 독자가 있는 반면에 200,000개의 어휘를 이해할 수 있는 대학생 독자도 있다(Beck & McKewon, 1991). 만약 26,000개의 수용적 어휘(receptive vocabulary, 읽고 이해할 수 있는 어휘)를 가지고 있는 초등학교 1학년 독자가 200,000개의 수용적 어휘를 이해할 수 있는 대학생 독자로 성장하려면 174,000개의 어휘를 더 공부해야 한다. 그리고 이렇게 하기 위해서는 매년 17,500개, 매일 48개, 학기 중의 시간만을 고려하면 매일 115개의 단어를 습득해야 한다. 제한된 수업 시간을 고려하면 현실적으로 매일 새로운 단어를 115개씩 가르치고 배우는 것은 가능하지 않다. 이러한 이유에서 독자에게 폭넓은 독서를 통해 간접적으로 어휘 지식을 늘리도록 하는 것이 가장 중요하다. 더불어 교실이나 가정에서 독자에게 어휘를 직접적으로 가르칠 필요도 있다. 특히, 독자에게 어휘를 직접적으로 가르칠 때에는 글에 있

116

는 새로운 어휘 모두를 가르치기보다는 몇 개의 어휘만을 선택하여 가르쳐야 한다. 이 때 사용할 수 있는 원리가 '가르칠 단어의 선택 원리'이다. 몇 가지의 원리를 소개하면 다음과 같다.

첫째, 교실 수업 상황이라면 가능한 한 많은 학생이 모르는 어휘를 선택하여 가르쳐라. 학생이 모를 것 같은 어휘를 칠판에 적어 놓고 손을 들게 하라. 그런 다음 학생의 손이 가장 많이 올라간 어휘, 즉 학생이 가장 많이 모르는 단어를 우선적으로 선택하여 가르쳐야 한다.

둘째, 글을 이해하는 데 중요한 어휘를 선택하여 가르쳐라. 글의 핵심 어휘를 이해하지 못하면 글을 이해하는 데 어려움이 있기 때문에, 이러한 핵심 어휘는 반드시 선택하여 가르쳐야 한다. 앞에서 제시한 글에서 예를 들자면 '일회용품'이 여기에 해당되는 어휘이다. 다만 국어사전으로 단어의 뜻풀이만을 가르치지 말고, 글을 이해하는 데 개념적인 지식이 필요한 경우에는 배경 지식이 될 수 있는 내용도 함께 가르쳐야 한다.

셋째, 학생이 한 번에 학습할 수 있을 정도만큼의 어휘를 선택해서 가르쳐라. 한 번에 학생이 학습할 수 있는 어휘의 양은 대단히 제한적이다. 너무 많아도 너무 적어도 문제인데, 대체로 한 번에 학습할 수 있는 단어의 양은 5개 내외가 적당하다. 초등학교 저학년은 한 번에 3~4개를, 초등학교 고학년은 한 번에 5~6개를 학습하는 것이 좋다.

넷째, 문맥을 사용하여 어휘의 뜻을 파악할 수 있는 단어를 선택하여 가르쳐라. 때때로 독자는 글의 문맥을 이용하여 새로운 단어의 의미를 유추할 수 있다. 새로운 단어를 만날 때마다 국어사전을 찾거나 인터넷을 사용하는 것은 쉽지 않은 일이다. 따라서 독자에게 글의 문맥이 단어의 뜻을 알아낼 수 있는 좋은 방법이라는 것을 인식시키기 위하여 문맥을 통해 어휘의 뜻을 파악할 수 있는 단어를 선택하여 가르쳐야 한다. 앞의 인용글에서 '요원'이 여기에 해당할 수 있다.

마지막으로, 어휘 학습 방법을 적용할 수 있는 단어를 선택하여 가르쳐라. 접두사나 접미사를 활용하는 것이 여기에 해당한다. 특히 한자어 접미사나 접두사를 이용하면 효과적이다. 예를 들어 학생이 '생물학자'라는 새로운 단어를 학습한다고 가정하자. 이런 경우 생물학자라는 단어의 뜻을 파악하는 데 그치지 말고, 생물학자라는 단어의 접미사 '학자(學者)'를 이용하여 '학자'라는 말이 단어 뒤에 오면 '무엇을 연구하는 사람'이라는 뜻도 알도록 가르쳐라. 그래야 학생이 글을 읽으면서 사회학자, 교육학자, 국어학자, 역사학자 등과 같은 단어를 만날 때에도 그 뜻을 파악할 수 있다. 앞의 예시문에서 '재활용'이 여기에 해당하는데, '다시'의 뜻을 가지고 있는 '재(再)'를 활용하여 '재교육, 재생, 재활' 등과 같이 서로 관련 있는 어휘를 함께 가르쳐라. 하나를 가르쳐 여러 개를 알 수 있다면 그것은 좋은 방법임에 틀림없다.

지금까지 가르칠 어휘를 선택하는 원리 몇 가지에 대해 설명하였다. 물론 이것이 가르칠 어휘를 선택하는 원리 모두를 아

우른 것은 아니다. 이제 앞의 글에 이 원리를 적용해 보자. 여러
분은 어떤 어휘를 선택하여 가르칠 것인가? 그 이유는 무엇인
가? 함께 논의해 보자.

참고문헌

Anderson, R. C., and P. Freebody. 1985. Vocabulary Knowledge. In
    Theoretical models and processes of reading, ed. H. Singer and R. B.
    Ruddell. Newark, DE: International Reading Association.
Bandura, A. 1986. *Social foundations of thought and action: A social
    cognitive theory*. Englewood Cliffs, NJ: Prentice Hall.
Beck, I., M., and M. G. McKeown. 1991. Condition of vocabulary
    acquisition. In *Handbook of reading research*(Vol. 2), ed. R. Barr, M.
    Kamil, P. Mosenthal, and P. D. Pearson, New York: Longman.
Cecil, N. L. 1984. Impact of interest on the literal the literal
    comprehension of beginning readersa West Indian study. *The
    Reading Teacher* 37: 750-753.
Deci, E. L., and R. M. Ryan. 985. The general causality orientations
    scale: Self-determination in personality. *Journal of Research in
    Personality* 9: 109-134.
Fink, R. P. 1996. Successful dyslexics: A constructivist study of
    passionate interest reading. *Journal of Adolescent & Adult Literacy*
    39: 268-280.
Gambrell, L. B. 1981. The clip sheet. *The Reading Teacher* 34: 836-838.
Hart, B., and T. R. Risley. 1995. *Meaningful differences in the everyday
    experience of young American children*. Baltimore, MD: Paul H.
    Brookes.
Henderson, A. 1988. Parents are a school's best friend. *Phi Delta
    Kappan* 70: 148-153.

Kamil, M., and E. Hiebert. 2005. Teaching and learning vocabulary: Perspectives and persistent issues. In *Teaching and learning vocabulary: Bringing research to practice*, ed. E. H. Hiebert and M. L. Kamil. Mahwah, NJ: Lawrence Erlbaum.

Moats, L. C. 2001. Overcoming the language gap. *American Educator* 25: 5, 8-9.

Nagy, N. M., C. E. Campenni, and J. N. Shaw. 2000. A survey of sustained silent reading practices in seventh-grade classrooms. Reading Online [On-line]. 1-12. Available: www.readingonline. org/articles/nagy/ssr.html.

National Reading Panel. 2000. *Teaching children to read: An evidence-based assessment of the scientific research literature on reading and its implications for reading instruction*. Washington DC: NICHHD.

Postlethwaite, T., and K. Ross. 1992. *Effective schools in reading: Implications for educational planners*. The Hague: International Association for the Evaluation of Educational Achievement.

Schiefele, U. 1991. Interest, learning, and motivation. *Educational Psychologist* 26: 299-323.

Stahl, S. 1999. *Vocabulary development*. Cambridge, MA: Brookline.

Stanovich, K. E. 1986. Matthew effects in reading: Some consequences of individual differences in the acquisition of literacy. *Reading Research Quarterly* 21: 360-406.

Stanovich, K. E. 2000. *Progress in understanding reading: Scientific foundations and new frontiers*. New York: Guilford Press.

Wheldall, K., and J. Entwistle. 1988. Back in the USSR: The effect of teacher modeling of silent reading on pupils' reading behavior in the primary school classroom. *EduΩcational Psychology: An International Journal of Experimental Educational Psychology* 8: 51-66.

찾아보기

윌리엄 내기(William Nagy)는 현재 시애틀 퍼시픽 대학교의 교수로 재직하고 있다. 캘리포니아 대학교(샌디에이고 캠퍼스)에서 박사학위를 받았고 18년 동안 일리노이 대학교의 읽기 연구 센터에서 연구원으로 근무했다. 내기 교수는 문식성 교육 및 어휘 교육에 관한 많은 저서와 논문을 썼으며, 2009년에는 독서 명예의 전당(Reading Hall of Fame)에 올랐다.

옮긴이 소개

윤준채는 대구교육대학교 국어교육과 교수로 재직하고 있다. 고려대학교 국어교육과와 고려대학교 대학원 교육학과를 졸업한 후, 미국 조지아대학교 독서교육과에서 박사학위를 받았다. 저서로는 『초등 국어과 교육론』(공저), 번역서로는 『읽기 전략과 읽기 수업』(공역)이 있다. 최근에는 읽기에 어려움을 겪는 아동에 대해 관심을 갖고 연구하고 있다.